PREMIER
ET
SECOND VOYAGES
DE
MILORD DE ***.

A PARIS.

PREMIER
ET
SECOND VOYAGES
DE
MILORD DE ***
A PARIS,

Contenant LA QUINZAINE ANGLAISE, & le retour de Milord dans cette Capitale après sa majorité.

PAR LE CH. R***.

TOME TROISIEME.

A LONDRES.

M. DCC. LXXXII.

SECOND VOYAGE
DE
MILORD DE***.
POUR SERVIR DE SUITE
A LA QUINZAINE ANGLAISE.

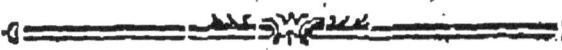

CHAPITRE PREMIER.

Réflexions sur les malheurs du Paüvre. Académie des Quarante.

Après que le Pauvre eut fini, nous obfervâmes pendant quelques minutes un profond filence. Cruels amufemens de l'inexorable defpotifme ! m'écriai-je encore tout en larmes : ainfi fous les influences détestables, le vice & la corruption se jouent avec impunité de la bonne foi, du repos & de l'existence des humains! Oh! combien sont à plaindre ceux qui végetent avec crainte & inquiétude, dans les lieux où ce monstre étend sa main de fer sur les têtes! Combien plus malheureux encore est le Prince, dans les mains de qui il peut devenir, à son insçu, l'instrument de l'oppression & la cause des crimes qui sont loin de son cœur! — Comment! Milord, reprit Bouillac; réprimez, s'il vous plaît, ces bouillons austeres & impétueux d'une audacieuse morale. On diroit dans le monde, que je vous ai gâté l'esprit; & l'on pourroit fort bien me faire des affaires. Les petits, qui ont cru que je m'étois permis des licences morales, guettent sans cesse l'occasion d'en faire tirer vengeance par les Grands. Par égard pour moi, revenez à nos aimables & longanimes principes, *tout est bien*. C'est ici l'axiome des Philosophes; c'est encore la maxime sociale courante. Plaignons M.

de *** ; mêlons nos gémiffemens étouffés à fes juftes douleurs ; mais interdifons-nous les réflexions. — Monfieur a raifon, répliqua le Pauvre ; les réflexions ne raccommoderoient rien à mes affaires ; il y a trop peu d'individus qui fe donnent la peine d'en faire : *patience* & *filence*, voilà les boucliers qu'il faut oppofer aux perfécutions qui viennent d'en haut, foit qu'elles en arrivent directement, ou par les caufes fecondes. Pour avoir bu long-temps & à longs traits dans la coupe du défefpoir, je crois pouvoir affurer fur ma propre expérience, qu'il faut plus de force & de courage pour fubir les ignominies & les douleurs de l'efclavage, que de fierté & d'énergie pour maintenir fa liberté. — Monfieur vous parle comme Epictete, reprit Bouillac : celui qui porte fes chaînes & foutient fes calamités, furpaffe autant en vertu le fugitif impatient qui va faire retentir une terre étrangere de fes plaintes orgueilleufes & indifcrettes, que l'homme qui réfiste aux traverses de la vie, est au dessus de celui qui s'en affranchit par un coup de piftolet. Noble & intrépide Vieillard, vous avez un avantage sur les tyrans qui vous oppriment : vous portez votre consolation au dedans de vous-même ; & dans leur coupable sein, ils ont un bourreau qui les afflige & les déchire. — Les approches de la nuit nous séparerent. Le Pauvre est souvent depuis venu chercher de la consolation auprès de moi ; j'en ai senti une véritable moi-même d'avoir cette occasion de réparer mes anciens excès : c'est un des premiers & des plus touchans bienfaits dont le Ciel ait payé mon repentir.

Au bout de quelques jours qui furent assez désœuvrés, mon ami me donna avis qu'un homme de Lettres devoit voir le Temple de l'Immortalité s'ouvrir enfin pour lui, & qu'il me meneroit le lendemain au Louvre, où ce nouvel Elu devoit siéger pour la premiere fois dans le fauteuil académique. Je me promis bien de ne pas manquer cette occasion de voir couronner un favori des Muses.

Le jour suivant, nous nous rendîmes de bonne heure au lieu de l'installation. Dès que nous fûmes placés, Bouillac me parla ainsi : L'immortalité & la vérité ne se sont pas aussi bien maintenues ici, Milord, que dans le Temple des Sciences, qui est dans l'aîle qui fait face : il s'en faut bien que toutes les cérémonies, telles que celle qui nous y amene, soient les triomphes invariables & répétés du véritable talent. La Secte Philosophique y domine d'une maniere si despotique, qu'il est bien difficile d'y pénétrer sans son attache. D'ailleurs cet établissement doit son origine à un mortel, dans qui se trouvoit l'assemblage incroyable & contradictoire des dons les plus sublimes, & de la puérile vanité, qui est le défaut inné des êtres médiocres. Cet homme étoit une médaille à deux faces : c'étoit toute grandeur, toute élévation d'un côté, & toute petitesse & misere de l'autre.

Ainsi, l'avare Nature se dédommage toujours de ses prodigalités envers notre pauvre espece. Le Cardinal de Richelieu étoit un Politique profond & hardi, un homme d'Etat prodigieux ; mais il fut en même temps le Poëte le plus étroitement vain de son siecle. Il dut imprimer ce lamentable caractere, & communiquer les défauts qui en résultent, à une fondation qui étoit plutôt en lui l'ouvrage du Poëte, que celui de l'Administrateur. Aussi, dès le principe de cette association Littéraire, il y admit la même bigarrure que la vanité & l'esprit de flatterie y propagent encore tant qu'ils peuvent. Scuderi y figura à côté de Corneille, sous les yeux du Fondateur, comme la Harpe auprès de Voltaire, sous les auspices de tous les illustres qualifiés, qui y donnent l'impulsion au scrutin. Quiconque flattoit la chatouilleuse métromanie de l'Eminence, étoit aussi digne, à son sens, que la main sublime qui attacha à jamais au sommet du Parnasse Français la palme immortelle du Cid. Les Beaux-esprits titrés des temps qui ont fuivi, ont jugé les talens d'après les mêmes principes. Prenez le catalogue des vivans & des morts, vous trouverez dans toute la férie uniforme des époques de ce Corps, le même contrafte ridicule; cependant l'étoffe n'a jamais manqué pour choifir mieux.

J'apperçois d'ici un Bel-efprit de ma connoiffance, qui, depuis vingt ans, gratte humblement à la porte de ce Sanctuaire; pour votre bien & à l'acquit de ma confcience, je vais vous remettre entre fes mains. Ce perfonnage, fans être jamais forti de Paris, a fait plus de chemin que Tavernier & Chardin enfemble; le tout pour arriver au fauteuil, derriere lequel il eft debout, & où il périra de défefpoir de ne pouvoir jamais s'affeoir, dût-il doubler fes caravanes. — Comment donc? — Comment! quarante Elus compofent cet Aréopage : on n'entre point ici fans leur fuffrage; ces fuffrages-là, femblables à ceux de nos Juges modernes, ne s'attrapent qu'en follicitant & en courant : une brochure, quelques couplets ; avec cela des prôneurs, fur-tout des prôneufes ; mêlez-y deux ou trois mille vifites, dix fois autant de révérences ; c'eft la recette, Milord : avec elle, vous l'emporteriez fur Homere lui-même, dût-il revenir au monde, & favoir le Français auffi tecniquement que feu l'Abbé d'Olivet. — Mais avant que la féance commence, abordons cet infatigable & vieux Candidat.

A ces mots, Bouillac s'avança vers un perfonnage paré avec précifion, & plus pincé qu'un Abbé. Monfieur, lui dit-il, vous favez que je fuis un barbare ; j'efpere que vous voudrez bien aider Milord à profiter complétement de la fcène favante qui va s'ouvrir devant lui. Perfonne n'eft plus en état que vous de lui faire goûter les merveilles qui rempliront la féance. — M. de Bouillac, repartit en fouriant le Virtuofe, vous êtes un apoftat, & c'eft dommage. — J'en conviens, & qui pis eft, je ferai difficile à amener à réfipifcence. — C'eſt ce qui me déſole, répliqua le Bel-eſprit avec une pitié diſcrete & magiſtrale ; votre plume, jeune homme, eſt énergique & féconde, variée & vraie ; mais en dépit de tous mes avis, elle veut continuer d'être incorrecte & rude. — C'eſt que, dit l'incorrigible Bouillac, je crois qu'il faut écrire des penſées & des choſes, & que c'eſt un abus puéril que de paſſer ſon temps à penſer des mots. — On ne vous le paſſera pas. — Tant pis, je m'en conſolerai. — On va commencer, ce me ſemble, interrompis-je, Monſieur ; j'invoque vos lumieres, & j'implore vos bontés ; aidez-moi à bien ſuivre & à ne rien perdre. Ce compliment fit bondir de joie le cœur de l'Aſpirant *au fauteuil*, & tous trois nous prêtâmes ſilence à ce qui alloit ſe paſſer. Le Récipiendaire fit gémir le bon ſens, pour mettre au jour les tours de force, ou plutôt les tours de ſubtilité de la Langue. La penſée ſe noyoit dans un déluge de périphraſes ; & la fadeur du panégyrique étendant ſa glace ſur tout son discours, il ne sortoit que des frimas de sa bouche. Le Secrétaire perpétuel y répondit ; il fut encore plus symétrisé, plus compassé, plus somnifere que le nouvel Adepte ; enfin, je conclus de tout ce que j'entendis, qu'une Académie doit être, & qu'elle est en effet, le tombeau de l'éloquence quand ses statuts n'ont pour but que les mots.

Nous fûmes abordés par un ami de Bouillac, qui vint avec beaucoup d'empressement le prendre à l'écart pour l'inviter à dîner le lendemain. Cette invitation fut faite d'un air significatif. Bouillac ne s'y rendit pas d'abord. L'Amphitryon très-empressé lui lâcha quelques phrases que je ne compris pas bien, mais qui lui firent répondre qu'il iroit, si on vouloit lui permettre d'amener un ami qu'il attendoit le même jour : on l'en supplia. Je vous annonce une excellente aubaine, Milord, me dit-il en venant à moi ; vous dînerez avec un détachement de notre Parnasse. Je vous ai engagé ; j'espere que vous ne me dédirez point. — Comment donc ? — Oui, c'est le parti des mécontens qui m'invite ; il a probablement envie de m'enrôler : cela pourra vous amuser. Ce grand homme sec que vous venez de voir, est le pendant de celui qui vous a entretenu il y a deux heures ; c'est un Voyageur infatigable, qui, pour but de ses innombrables pélerinages, a toujours eu en vue un de ces fauteuils. Toutes les fois qu'il manque son coup, il se dédommage en donnant à dîner le lendemain à quelques compagnons d'infortune, qui déblatèrent en chorus contre celui que les Quarante ont favorisé. — Un dîner avec des Auteurs ! — Milord, & des Auteurs piqués ! songez bien que cela doit valoir presque celui des Rois au carnaval de Venise. Je compte sur vous au moins. Je remerciai Bouillac d'avoir pensé à me procurer un plaisir dont je sentois tout le prix.

CHAPITRE II.

Dîner avec des Auteurs.

LE jour du banquet littéraire arriva. Que d'esprit nous allons entendre ! me dit Bouillac en entrant chez moi, un peu avant l'heure d'aller chez M. D*** qui donnoit la fête. Allons, Milord, attendez-vous aujourd'hui à un régal bien différent de la Comédie Bourgeoise. Ceux avec qui vous allez vous trouver, sont ce qu'ils sont *ex professo* ; mais n'oubliez point de vous munir d'éloges : en fussiez-vous plus rempli qu'un *Discours de réception*, vous n'en aurez jamais trop pour rassasier la vanité gloutonne d'une demi-douzaine d'Adeptes que vous allez voir. — M. Bouillac, vous me paroissez-là monté sur un ton qui vous fera des affaires. — Oh ! non : je m'interdis la satire ; pour votre amusement, Milord, je me permettrai seulement un peu de contradiction ; ces Messieurs

Messieurs en vivent : c'est le sel de tout repas qu'on fait avec eux. Nous nous mîmes en chemin.

Le cercle des convives poétiques étoit déjà formé ; & dès l'antichambre, nous entendîmes sonner des hémistiches. Nous entrâmes ; je fus présenté à tous les Membres de cette Société les uns après les autres, par le Maître du logis, qui m'indiquoit soigneusement & avec emphase le titre de l'Ouvrage immortel qui, sans doute, disoit-il, m'avoit rendu familier le nom de ***, & il le nommoit l'*illustre*. Celui-ci faisoit une révérence modeste, & se rengorgeoit soudain. La ronde faite, je m'assis vis-à-vis de Bouillac, sur qui je jetois quelquefois ma vue, pour lui rappeler nos conventions.

A travers les complimens qui volerent quelque temps d'un bec à l'autre, je démêlai bientôt l'air ironique d'une orgueilleuse pitié réciproque entre quelques-uns, & celui de la haine & de l'envie entre quelques autres. Je m'apperçus que mon compagnon leur inspiroit presque à tous un sentiment de crainte, qui valoit beaucoup mieux que tous ceux qu'ils se dissimulerent assez mal-adroitement. A cet aspect, je cessai de lui savoir mauvais gré de ce qu'il m'avoit dit avec sa chaleur ordinaire, chemin faisant depuis chez moi jusque chez le Bel-esprit Amphytrion du jour.

Avec les bonnes gens qui ne nourrissent aucune prétention transcendante, m'avoit-il dit, je me pique d'être simple & bénévole comme eux ; mais avec Messieurs les Beaux-esprits par état, non, Milord, non. Poëtes, Auteurs, tout cela forme une engeance maudite où chacun est avare de son estime, & se la réserve toute entiere, souvent pour se dédommager de celle d'autrui. Tous les sentimens de bienveillance dont il est capable, réfléchissent ordinairement sur ses propres rapsodies : ce seroit une folie que de courir après la moindre part à son affection. Il faut prendre une autre méthode avec cette espece ; il faut qu'elle nous craigne, si nous voulons en tirer parti. Je suis assez heureusement parvenu à inspirer à la populace littéraire une terreur qui m'assure à jamais de n'avoir point de tracasseries à en redouter. Pour les maintenir dans cette disposition, j'avois cessé depuis long-temps de fréquenter tous ceux de ce métier; je m'en rapproche aujourd'hui, Milord, pour vous faire voir ce que c'est. Leurs essaims ont tellement pullulé dans cette capitale, qu'un vingtieme de sa population n'existe que pour faire des livres, ou pour en vendre. Vous êtes observateur; il faut connoître cet abus, qui nuit bien plus aux Sciences & aux Lettres qu'il ne les sert. Un grimaud élevé dans la poudre scolastique, engoué d'avoir eu des prix à l'Université, se croit d'abord un génie; il décide que sa vocation est d'instruire & d'étonner la Terre : mon imbécille songe très-peu qu'il faut, pour faire des livres qui soient bons, avoir étudié long-temps les hommes : en conséquence, dès sa sortie du collége, il se fait Auteur; voilà qui est fini : alors, il agence des phrases de niveau; il ajuste des paroles; & à force d'écrire, sans jamais prendre la peine de penser, il enfante des volumes vides de sens & de raison. Cinq ou six autres barbouilleurs, jadis ses condisciples, aujourd'hui ses juges, l'annoncent, le prônent; le livre se vend, mon homme retire de quoi payer son Tailleur, & déjà il s'imagine que sa renommée a volé par delà les colonnes d'Alcide; il n'a plus d'autre état, d'autre profession; il se croit un Personnage. La Société ne sauroit offrir assez d'hommages à sa vanité, ni la Patrie assez de couronnes & de récompenses à ses talens.

Telle est l'idée que Bouillac s'étoit empressé de me donner des convives que j'allois rencontrer: tout ce que je vis, tout ce que j'entendis, ne la justifioit pas mal. Douze personnes composoient toute l'assemblée; il s'y trouva trois femmes. J'appris bientôt que l'une enrichissoit tous les mois le Mercure d'un couplet, & que l'autre donnoit régulièrement son Roman tous les ans.

VOYAGE.

Cette derniere me promit même mes étrennes pour celle où nous étions près d'entrer. On peut juger avec quelle reconnoissance je reçus cette promesse, & du cas que j'en fis.

Un petit homme qui se donnoit beaucoup de tracas, me parut être l'Apollon de ces deux Muses : c'étoit une vraie caricature, ou plutôt le contraste absolu de celui du Belvedere. Un individu de quatre pieds huit pouces, servant de soubassement à un assez gros chef, au milieu d'un visage qui paroîtroit démesurément large, s'il n'étoit encore plus long; un nez qui descend jusque sur l'ouverture d'une grande bouche, & au centre duquel une éminence se projette jusqu'à la perpendiculaire, qu'on peut supposer descendre du milieu d'un énorme toupet bouffi, jusqu'à la saillie d'un menton très-pointu : tel étoit ce poétique Adonis. Il sentoit l'ambre à pleine gorge ; son parler étoit doux, précieux, & étudié ; son allure étoit à la fois ridiculement sémillante & importante avec froideur. Quelquefois on auroit dit, à la preftelle & à l'enchaînement de fes pirouettes, aux intervalles égaux de fes balancemens de corps, qu'il danfoit au fon de fes nombreufes breloques; dans d'autres inftans où leur cliquetis cefloit tout d'un coup quand cette machine revenoit à fon repos, on auroit cru qu'elle fe pétrifioit. Ordinairement c'étoit pour faire à loifir quelque im-promptu qu'il cherchoit à placer dans l'entretien, & qui y arrivoit toujours à quelque cran plus bas qu'à celui où fa vraie place étoit marquée. Bouillac me dit que c'étoit l'Oracle des Beaux-efprits féminins.

Je pris garde encore à un perfonnage qui détournoit quelquefois leur attention de fon objet principal. Celui-ci portoit le coftume de la robe; il babilloit impitoyablement; dans fes gefticulations répétées, il donnoit à une très-longue manchette de point autant d'occupation pour le moins qu'à fa langue. Son ambition principale paroiffoit tendre vers deux perfections qu'excluoit effentiellement toute la tournure de son être : la légéreté dans le propos, & les graces dans les manieres. Qu'on se représente deux gros yeux saillans, d'où deux prunelles flasques cherchent, pour ainsi dire, à tomber; une face large & blême, où l'incarnat ne se montre que sur les sommités d'une infinité de boutons; outre cela, l'agrément d'une langue épaisse qui, bredouillant avec précipitation, vient battre sans cesse contre deux grosses levres, & y produit un claquement, que suit une émission dégoûtante pour les auditeurs qui ont le malheur d'être trop près de lui; le tout ombragé d'une chevelure touffue d'un blond fade, & porté sur un corps dont tous les membres sont mal attachés; des bras oscillans dans l'air, & ramenés sans cesse vers le menton, pour donner les secousses habituelles, dont nous avons parlé, à sa dentelle, qui, se renversant sur le velours noir d'un parement usé, va s'y imprimer à chaque fois. On me glissa à l'oreille que c'étoit l'Anacréon du siecle, & celui de la Société ingénieuse où je me trouvois, & qu'il avoit étonné de bonne heure par les graces aifées de fes compofitions délicates. En ce cas, *fronti nulla fides*, me difois-je en moi-même. Je m'apperçus bientôt que le proverbe mentoit, & que l'efprit de l'Anacréon prétendu reffembloit abfolument à fa figure.

Il n'y avoit qu'un feul perfonnage dans la compagnie, dont l'air n'eût rien d'extraordinaire : c'étoit un homme de bonne mine, fimple dans fon allure & fes propos, & dont je conçus d'abord une idée favorable ; c'étoit néanmoins un Auteur. J'aurai occafion de parler de lui par la fuite. On fe mit à table. J'avois à ma gauche un Abbé, gros, lourd, qui lâchoit avec apprêt des phrafes fymétrifées & pédantefques; fes mouvemens fentoient la chaire & la fuffifance. Auffi il ne tarda point à m'apprendre qu'il poffédoit une bonne Abbaye qu'il devoit à fon rare mérite, & que, dans fon humble opinion, il étoit le premier Orateur de fon fiecle. A coup fûr, il vouloit que tout le monde en fût persuadé ; car, pendant tout le repas, il ne fit que raconter & prêcher.

Quand M. l'Abbé, las de pérorer, eut permis à ses voisins de placer un mot, on entama le chapitre du Récipiendaire de la veille. Dieu sait comme il fut mis en pièces ! chacun lui donna son coup de dent. C'est ainsi, Messieurs, dit Bouillac, que parmi vous on est assuré d'être félicité, quand un nom vient à être inscrit parmi ceux des quarante Elus ! Grace, s'il vous plaît, grace, pour ce moderne Immortel ! Le Prédicateur parut approuver cette modération, & il parla, avec moins d'irrévérence que les autres, de l'Académie. Cette assemblée de Beaux-esprits est à peu près traitée comme la Fortune : tous affectent de la mépriser, & tous courent après, dit Bouillac ; & puis, se tournant vers l'Abbé : Pour vous, Monsieur, ajouta-t-il, vous êtes déjà radouci sur son chapitre, parce que vous êtes précisément à la porte ; dès qu'elle s'ouvrira, vous y entrerez. Cette apoftrophe m'expliqua les motifs fecrets de la modération de celui-ci. Il fe rengorgea, & d'un air capable : Il y a, dit-il, affez long-temps que je travaille, pour atteindre enfin à cette diftinction. Oh ! vous y parviendrez, dit quelqu'un qui étoit à l'autre bout de la table ; je m'en rapporte bien à vous, M. l'Abbé, rien ne vous échappe. Mon voifin à droite fe hâta de me dire tout bas : Ce Prêtre-là, Monfieur, eft auffi fouple qu'il eft épais ; fans talens, & rempli d'intrigues, il amaffe des lauriers qu'il ne mérite point, & de l'argent dont il fait mauvais ufage. Cette note charitable me donna une nouvelle preuve de la bénignité avec laquelle les gens d'efprit fe traitent mutuellement.

Le dîner fini, nous nous levâmes, & l'entretien alloit fe réchauffer fur le compte du nouvel Académicien, quand le perfonnage de la bande, qui m'avoit paru le plus fenfé, s'appercevant fans doute de l'ennui que ces répétitions pouvoient caufer aux indifférens, me parla de nos Auteurs Anglais. Il énuméra leurs Ouvrages, exalta leur supériorité avec tant de connoissance de cause, que je ne doutai nullement qu'il n'eût une intelligence parfaite de la Langue Anglaise.

Celui-ci fut interrompu avec aigreur, par le Robin, au milieu des éloges qu'il prodiguoit à nos Génies Britanniques. Par le persiflage le plus vain, ce dernier voulut ridiculiser son enthousiasme, & le traita de barbare. Les sarcasmes réunis de tous les ingénieux convives fondirent à la fois sur lui : Bouillac indigné vola à son secours. Après s'être assuré que ceux qui dissertoient d'une maniere si tranchante, n'entendoient pas une ligne des Ecrits qu'ils frondoient, il couvrit de ridicules la manie qu'ils faisoient voir de les juger, & la suffisance absurde avec laquelle ils prononçoient.

Sous cette egide, le Bel-esprit Anglomane fut bientôt triomphant, & le cercle ébahi regardoit l'auteur de sa défaite avec des yeux remplis d'étonnement & de crainte. Mais quelles furent la surprise de Bouillac & la mienne, quand le partisan des Auteurs Anglais nous fit l'aveu qu'il ignoroit leur Langue, & qu'il ne connoissoit leurs Ouvrages que par les traductions ! — J'ai osé blâmer tout à l'heure ces Messieurs de leur inconsidération manifeste, en prononçant sur ce qu'ils n'entendoient pas ; je ne sais, Monsieur, lui dit Bouillac, si rétorquant l'argument contre vous, ils n'auroient pas le droit de mettre vos éloges au rang où la force de la seule raison vient de placer leurs censures. Permettez-moi un dernier trait : de tous les Peuples lettrés, nous sommes celui qui juge le plus souvent à l'aveugle. Pour ne fâcher personne, je crois que cette question de prééminence entre nos Grands Hommes & ceux de la Grande-Bretagne, doit au moins rester indécise, jusqu'à ce que nous comprenions également les uns & les autres : alors il faudra se souvenir encore du proverbe, qui défend de disputer des goûts & des couleurs.

Un apophtegme aussi sensé me parut avoir

avoir quelque prife fur les auditeurs, & bientôt l'entretien revint fur les Académies. Je fus curieux de favoir ce qu'étoit l'Académie des Infcriptions & Belles-Lettres. On arrive là, me dit un gros homme d'un extérieur maffif, qui n'avoit pas encore parlé, à travers la noble pouffiere du champ immenfe de l'érudition. Nous...... — Vous en êtes donc, Monfieur ? lui dis-je. — Oui, Monfieur, me répliqua-t-il, j'ai cet honneur. — Comment, Milord, reprit le Robin, vous ne connoiffez pas la favante Differtation de M. ***, fur le pot de chambre de l'Impératrice Livie ? Deux de fes illuftres confreres étoient en difpute ; l'un foutenoit que c'étoit celui d'Eudoxie, & l'autre qu'il appartenoit à l'Impératrice Meffaline. Monfieur démontra qu'il n'avoit pu appartenir qu'à l'époufe d'Augufte. Malheureufement un Fondeur de la rue des Arcis contrédit cette docte démonftration : il prétendit, & prouva, avoir moulé cet antique. Le Savant trouva la plaifanterie très-mauvaife ; je ne fais ce qui en auroit pu arriver, fi je ne m'étois hâté de raccommoder les chofes, en prenant le parti de l'Erudit & de fon Corps, qui eft bien éloigné de mériter qu'on le traite avec cette légéreté.

Je me fuis inftruit avec le plus d'impartialité que j'ai pu y mettre ; & des trois Académies, à raifon du mérite & de l'utilité, celle des Sciences eft la premiere ; celle des Belles-Lettres marche enfuite ; achevant de décider à l'Anglaife par des raifons folides, je fuis fâché de ne pouvoir placer la Françaife qu'au deffous de celles mêmes où les Arts libéraux, freres de la Poéfie, font couronnés. Je parlerai bientôt de ces Arts agréables ; les Français y ont fait de grands progrès : leur génie inventif & prompt les auroit conduits plus loin encore, fans doute, fans les préjugés qui les arrêtent quelquefois dans la carriere. Je quittai fort tard mes Beaux-efprits ; j'emportai de leur entretien beaucoup d'or, que je trouvai mêlé à une quantité prodigieufe d'oripeau. Ils ne me parurent pas beaucoup plus étranges que ceux que j'avois vus à Londres.

CHAPITRE III.

Bal de l'Opéra ; aventure du Bal.

L'HIVER avoit ramené cette chaîne d'amufemens pompeux & diverfifiés qui fe fuccedent fans intervalle pendant toute fa durée. Un foir, la fociété où je me trouvai, m'entraîna au Bal de l'Opéra. Ce n'eft au fond qu'un rendez-vous innombrable & confus dans une falle fuperbe, où les Citoyens de tout étage, excepté le bas peuple, fe portent, fe preffent, fe font des niches fous le domino qui y rend tout le monde égal. Là, la Ducheffe devient Bourgeoife ; & la Bourgeoife enchantée des méprifes caufées par quelque rapport fortuit, fe gonfle, fous fon carton, d'être prife pour une femme de qualité ; une nuée de courtifanes vient y tendre ses filets. Pour moi j'eus lieu de m'applaudir de mon déguisement, puisqu'il me mit dans le cas d'être coudoyé, sans aucune conséquence, par quelques-unes des connoissances que j'avois faites à mon premier voyage. Au Bal de l'Opéra, on ne danse point : on se promene, on se heurte, on est souvent porté par la foule ; ou y cherche, on y trouve des aventures.

Il y avoit une heure que je contemplois la foule bigarrée & nombreuse qui circuloit dans la salle, quand je crus reconnoître de loin le Chevalier D***. Qu'on se rappelle le personnage bienfaisant & respectable qu'il a joué dans la relation de mon premier séjour à Paris. On se doutera facilement que je n'eus garde, à mon retour, de négliger cette précieuse liaison. C'étoit effectivement lui : il étoit accompagné de deux Dames masquées ; leur taille & leurs graces faisoient augurer favorablement de leurs visages. Bientôt le flux & le reflux des allans & des venans me porta de leur côté. Pendant quelques inſtans j'embarraſſai le Chevalier; à la fin il me devina. Je venois de m'éloigner de lui & des deux beaux maſques qu'il conduiſoit, lorſque je le vis fendre avec effort la foule qui commençoit à ſe groſſir entre nous : m'ayant prié de me démaſquer, il me prit par la main, & me conduiſit auprès des deux Dames qui en avoient fait autant. Meſdèmoiſelles, leur dit-il d'un ton aſſez leſte, je vous préſente un cavalier aimable, plein de reſſources, & qui vous convient tout à fait. Le ſtyle & la tournure ſinguliere de cette recommandation me firent ouvrir deux grands yeux; je les fixai d'abord avec ſurpriſe ſur le Chevalier; je les laiſſai tomber enſuite ſur les Dames à qui je trouvois un air d'embarras égal au mien. Elles ſe remirent de leur mieux; elles affecterent bientôt une contenance folâtre & enjouée, dont je ſavois encore moins que conclure. Cependant le Chevalier jouiſſoit de mon étonnement & de mon maintien indécis. Mon brave, me dit-il avec gaieté en Anglais, ne vous gênez pas; ces deux

C iij

personnes ne font point de celles avec qui il faut tant de contrainte. C'est cependant du bon, ajouta-t-il assez naturellement ; il faut avec elles une légere nuance de bienséance. Ce propos me mit dans une anxiété assez comique. Il étoit inexplicable dans la bouche du Chevalier. A peine l'eut-il lâché, qu'il prit le prétexte d'aller procurer quelques rafraîchissemens aux deux Belles, & me laissa avec elles.

L'une étoit une fort jolie brune, & l'autre une blonde charmante. Elles se mirent à m'agacer avec beaucoup d'esprit ; elles y mettoient précisément cette pointe de liberté indispensable, pour me persuader ce que le Chevalier m'avoit annoncé. Je repris mes sens, & je fis mes efforts pour m'en tirer à mon honneur. — En vérité, Milord, me dit l'une en faisant jouer deux grands yeux bleus très-expressifs, votre air, votre ton, tout me surprend en vous ! Où avez-vous donc pris ces manieres ? & comment est-il possible que vous parliez notre Langue avec autant de facilité ? — Mademoiselle, lui dis-je pour répondre à cette flatterie, je dois cet avantage aux bontés d'une Françaife charmante, puifqu'elle avoit quelques-uns de vos traits. — Comment donc ? — Elle voulut bien fe charger de m'inftruire à Londres, où mon heureufe étoile l'avoit amenée; ce fut, avec un auffi bon Précepteur, l'affaire d'une nuit, pour me rendre auffi habile que vous voyez ; mais elle y mit une condition. — Une condition ? — Oui, & que je n'ai pas encore trouvé occafion de remplir. — Cela doit être curieux. — C'eft que je tâcherois d'apprendre, dans le même efpace, l'Anglais à la premiere Françaife plus jolie qu'elle qu'il me feroit poffible de rencontrer : jufqu'à ce moment, je n'ai vu que vous & votre compagne dans le cas de m'aider à tenir parole. Cette plaifanterie, lâchée avec confiance, parce que je commençois à la croire adreffée à des perfonnes qu'elle ne pouvoit offenfer, fut bien reçue. Elle fit rire à gorge déployée les deux inconnues, qui fe parlerent à l'oreille d'un air satisfait. Au moment même le Chevalier nous rejoignit : heureusement j'en entendis une lui dire, en se penchant vers lui : » Votre Milord est excellent ; il donne dans le paneau, & cette persuasion lui fournit des saillies très-amusantes «.

L'air d'intimité & de respect du Chevalier, qui ne croyoit point être observé en recevant cette confidence, me fit aussi-tôt naître un soupçon qu'il est facile de pressentir. Rosalie, dit-il ensuite fort haut, je vous offre demain à souper avec Julie ; Milord ne nous refusera pas d'en être : ce sera partie carrée. La prétendue Rosalie & sa compagne accepterent avec vivacité, & je m'engageai sans hésiter ; je résolus de savoir jusqu'où cela iroit. Le Chevalier eut beau continuer sur ce ton, il ne lui fut plus possible de me persuader qu'il étoit dans un trio suspect. Accosté, comme il veut me le faire croire, me disois-je, il seroit trop hors de sa sphere ; peut-être veut-il m'éprouver ? Ces belles Dames, de concert avec lui, se divertissent sans doute de ma simplicité. A ces réflexions succédoit une remarque tout à fait dans ma façon de penser : il ne me paroissoit pas naturel que des femmes d'un certain ordre s'abaissassent...... Pourquoi pas ? Dans ce pays elles jouent bien la comédie. J'avoue ingénument que ce dernier passe-temps me sembloit se rapprocher infiniment de l'autre. En raisonnant ainsi, je m'étois éloigné ; insensiblement j'avois gagné la porte. Le Valet de chambre du Chevalier se présenta à propos pour éclaircir mes doutes ; je lui demandai sans affectation le nom des deux Dames avec qui son Maître étoit venu. Ce domestique à qui l'on n'avoit pas fait la leçon, me dit sans balancer que la blonde étoit la Comtesse de ***, & la brune la Marquise de ***. Muni de cette bonne information, je me hâtai de rejoindre la compagnie, & je résolus de contribuer, par mon ignorance volontaire & affectée, & sans sortir des bornes qui convenoient à la réalité des personnages, au plaisir qu'ils vouloient se donner.

Cependant, quand je fus de retour auprès du Chevalier, je ne pus m'empêcher de lui faire comprendre que je n'étois point la dupe de cette aventure, & que je n'ignorois pas qu'il complotoit contre moi. Si vous savez qui sont ces Dames, gardez-vous bien, je vous prie, se hâta-t-il de me dire, d'en rien témoigner. Une méprise, comme celle où elles vous supposent, est le seul plaisir piquant que puisse leur offrir la cohue fatigante du Bal de l'Opéra. Je répondis que je me conformerois très-scrupuleusement à ce désir singulier. Du reste, ajoutai-je, l'illusion est assez agréable pour donner des regrets que ç'en soit une ; elle durera autant, & elle ira aussi loin que ces Dames le trouveront à propos. Le Chevalier sourit : sur le champ il fit aux Dames qui commençoient à s'inquiéter de ce dialogue, une fausse confidence badine qui les rassura sur le succès du petit tour qu'elles croyoient me jouer. On ne s'occupa plus que du souper agréable du lendemain. Pour moi, je ne crus point cet engagement sérieux ; & j'eus besoin de l'assurance positive & des instances réitérées du Chevalier, pour penser réellement à m'y rendre.

Que de réflexions sur cette rencontre singuliere & inopinée me suggérerent, au sortir de là, ma manie & mon habitude de moraliser sur tout ! L'austere Bouillac, qui vint me voir dans la matinée suivante, devint aussi-tôt mon confident, & il joignit ses remarques aux miennes. Voilà nos mœurs ! Milord, les voilà ! dit-il : j'ai toujours regardé les bienséances extérieures comme un frein efficace & nécessaire à nos passions, comme une barriere facile à franchir ou à renverser, & à laquelle on ne peut toucher sans danger de se trouver bientôt du côté critique de la ligne sur laquelle elle s'étend. Il y a cependant parmi nous beaucoup de paradoxes moraux vivans, de qui les mouvemens intérieurs & la conduite essentielle différent absolument des dehors auxquels ils ne font que se plier. Rien de plus respectable que les personnes qui ont hasardé une plaisanterie aussi capable de les compromettre vis-à-vis de quelqu'un qui auroit moins de prudence & d'honnêteté naturelle que vous ! c'est une étourderie que le ton du siecle excuse, & que l'habitude d'en voir commettre de bien plus capitales, réduit heureusement à peu de chose.

Telle fut la décision de mon Philosophe. Le soir arriva ; je résolus de donner un échantillon de mon savoir-vivre, capable de faire présumer que j'avois fréquenté le merveilleux *Club* (a) de Londres. Je n'ignorois pas qu'il étoit du bon ton de se faire attendre : aussi je n'arrivai chez le Chevalier qu'après avoir donné à nos Belles tout le temps de s'impatienter, & même celui de douter si je tiendrois parole.

(a) *Club* ou *coterie du savoir-vivre*, fréquenté par tous les Petits-Maîtres & les femmes à prétention de Londres.

J'affectai

J'affectai un début analogue aux circonstances supposées ; je dépouillai toute contrainte & toute façon. Les Dames ne purent manquer d'être persuadées que je me croyois avec des Beautés de bonne composition : elles pouvoient regarder la retenue que j'y conservois, comme une suite des habitudes d'une éducation où l'on m'avoit pénétré de respect pour les bienséances. Elles étoient enchantées de ma crédulité, d'une humeur charmante, d'une gaîté folle. J'avois cependant la malice de tempérer par intervalle la joie qu'elles paroissoient ressentir de me voir dans cette illusion : je prenois subitement un ton respectueux qui les rendoit pensives & incertaines ; je les ramenois ensuite tout d'un coup à leur premiere confiance, en laissant échapper quelques saillies un peu vives. Cette scène formoit pour le Chevalier les alternatives les plus divertissantes. Quelle est, dis-je à la Comtesse, cette vieille femme ? en lui montrant la Présidente de ***, que je savois être la mere de la Marquife, & qu'on avoit amenée pour l'amufer de mon embarras. Je m'en doute bien, ajoutai-je avec précipitation & fans donner le temps de me faire une réponfe ; ces vieux meubles-là, très-bons pour lier une partie, deviennent incommodes & fuperflus, lorfqu'une fois les chofes font arrangées. Celle à qui j'adreffai la parole, partit d'un éclat de rire, & fe dépêcha de communiquer ce trait falot aux deux autres.

Pendant que je paffois ainfi des faillies au ton refpectueux, & du ton refpectueux aux faillies, avec le foin de rendre ces tranfitions affez légeres pour ne point lever le voile tout d'un coup, on avoit fervi le foupé. Tant qu'il dura, je donnai tout à fait le même tour à la converfation, & je la maintins dans cet état d'ambiguité.

Après qu'on fe fut levé de table, une des Dames, dans une effufion de gaîté, propofa d'apprendre & de jouer une Comédie. Ce n'eft point affez, repartis-je, il faut en faire une exprès :

je demande la préférence pour remplir cette tâche : vous venez, Mesdames, de me fournir un si joli sujet, que, sans être Poëte, j'ose espérer de faire merveilles. — Ah ! Milord, s'écria la Marquise, nous avions entrepris de vous jouer ; mais c'est vous qui...... Ici elle s'arrêta & demeura confuse. Mesdames, dis-je alors, vous aviez choisi des rôles qui vous étoient trop étrangers pour pouvoir bien les rendre. Tant de charmes étoient faits pour tromper mes désirs, & pour me faire souhaiter que vos personnages fussent réels : mais en même temps, ils ont un caractere qui ne pouvoit permettre à mon illusion de durer deux minutes. Cette singuliere partie finit sur un autre ton. J'ai eu bien des occasions depuis de rendre justice à l'honnêteté, à la candeur, à la décence & à l'esprit des femmes aimables, avec qui ce petit caprice de leur part me mit dès ce jour en liaison.

La Présidente est une femme estimable & sensée, chez qui l'âge avancé n'a aucune prise sur l'esprit ni sur le caractere. La bonté de son cœur met dans ses manieres une simplicité adorable, une affabilité charmante. La Marquise sa fille joint à une figure aimable les mêmes qualités : elle est épouse tendre, & bonne mere, pleine de douceur & de politesse dans la Société, & sans aucune des prétentions qui font de tant de femmes d'insupportables caricatures. La Comtesse leur amie, un peu plus vive & moins circonspecte, est également éloignée du personnage qu'elle avoit pris au Bal. J'ai été assidu, pendant mon séjour, à faire ma cour à ces Dames. Une Société choisie m'attiroit chez elles tour à tour trois jours de la semaine. Un jeu insipide & coûteux ne servoit point à y remplir des vides qu'on n'y connut jamais, ni à plâtrer le néant de l'esprit. Tous les amusemens y étoient agréables & utiles : on y voyoit arriver l'un après l'autre tous les Arts ; ils étoient accueillis par des Beautés jeunes & décentes, & par des femmes raisonnables, remplies d'indulgence. Je n'oublierai jamais le pinceau ingénieux & aisé de Mesdames de ***, la voix ravissante & les doigts légers de Mademoiselle de ***, & l'esprit facile de Madame de **.

Plus j'ai connu, plus j'ai eu occasion de chérir cette Société aimable, plus ma surprise s'est accrue, toutes les fois que je me suis rappelé l'aventure du Bal. Je sens combien l'esprit peut se familiariser avec des objets qui sont étrangers au cœur ; mais je ne conçois pas encore comment il peut se plier à ceux qui lui sont tout à fait contraires. La frivolité ne cause nulle part ailleurs des distractions suffisantes pour donner lieu à des inconséquences aussi frappantes. La seule imagination volatile du peuple Français, une fois mise en mouvement, peut franchir ces espaces incroyables, & rapprocher des objets marqués par des contradictions aussi révoltantes. C'est ainsi qu'une courtisane y est à la fois courue & bafouée, chérie & méprisée, adorée & insultée dans un même jour & par les mêmes perſonnes. Voilà comme des femmes vertueuſes, ne conſidérant qu'une des faces de l'exiſtence de celles qu'elles doivent mépriſer & détefter, peuvent voir pendant un inſtant ces êtres odieux ſous un point de vue ſupportable. La vanité alors déguiſe tous les traits du rôle illuſoire que jouent ces malheureuſes, parmi les hommes qui ne rougiſſent plus d'avouer qu'ils les fréquentent, & qui s'en font un trophée de *galanterie* ; expreſſion dont Bouillac a fait ci-devant, avec aſſez de propriété, le ſynonyme de *libertinage*.

CHAPITRE IV.

Défaut de l'éducation des deux Sexes parmi les gens de distinction.

J'AVOIS répété à Bouillac toutes les remarques que je venois de faire dans la Société ; il parut d'abord un peu étonné de la sévérité avec laquelle je continuai à juger des mœurs de ses compatriotes. Mon cher Milord, me dit-il, vous me surprenez ; rendons-nous un peu de justice : vous commencez en Angleterre à ne valoir guere mieux que nous. Songez un peu, s'il vous plaît, aux prosélytes innombrables qu'a faits la doctrine du joli *Chesterfield* ; cet homme merveilleux, que peint si bien un de vos Critiques, en disant qu'il a la morale d'une courtisane, & les allures d'un Maître à danser. — M. Bouillac, vous m'étonnez à votre tour ; une comparaison n'est point une raison. Quand je discute tout ce que je trouve de contradictoire dans vos mœurs, je ne prétends pas par-là faire l'apologie des nôtres : je sais qu'au fond nous nous valons à peu près ; mais au moins l'écorce & la réalité se ressemblent chez nous. Je ne veux pas dire par-là non plus que la dissimulation & l'hypocrisie y sont des vices inconnus ; bien des individus y déguisent leur turpitude sous des dehors pleins d'ordre & de régularité. Mais un phénomène que l'on n'y voit pas, ou du moins très-rarement, c'est un extérieur, un langage & des manieres libres, avec des mœurs respectables. Observez, s'il vous plaît, les nuances : une femme compromise, en Angleterre, n'a point l'air de celles dont on ne soupçonneroit point même la conduite ici ; encore moins lui passeroit-on les amusemens & les fantaisies, que j'ai bien vérifiés ne point tirer à conséquence à Paris. Nos bons Anglais n'auroient jamais la subtilité de concilier ces contradictions. — Oh ! Milord, des contradictions ! c'est ici notre élément & notre pâture dès l'enfance. Ecoutez l'hiftoire de l'éducation qu'on y donne, parmi les gens d'un certain ordre, aux enfans de l'un & de l'autre fexe : vous y verrez le germe & le principe de toutes les bizarreries que vous appercevrez dans nos mœurs, à mefure que vous les obferverez avec foin.

Les femmes n'ont, chez aucun autre peuple, une influence auffi décifive & auffi grande dans la Société ; elles en font, pour ainfi dire, l'ame ; elles en déterminent les mouvemens & les goûts. Confidérez actuellement comment ces motrices de notre ordre moral font préparées à y donner l'impulfion. Jugez-en par celle qu'elles reçoivent elles-mêmes dès leurs plus tendres années. Vous parliez des contradictions, Milord ; fuivez-moi, je vous prie, dans la chaîne bizarre, & dans le cercle de celles que je vais vous expofer.

Du moment même où une petite fille fait bégayer quelques fons, elle reçoit la premiere leçon de fuffifance & de coquetterie ; tout ce qui l'entoure lui sert à la fois d'exemple & de conseil. Plus le hasard l'a favorisée du côté de la naissance & de celui de la fortune, plus cette impression imprudente & funeste est précoce & devancée, & plus elle est répétée & profonde. Plaire, se parer, ce sont les premiers Arts dont on lui inspire le goût, & dont on lui persuade la nécessité : *beauté*, *amour*, *gentillesse*, ce sont les premiers mots qu'on lui fait articuler ; celui de pudeur ne lui est prononcé pour la premiere fois, que dix ans après, dans un couvent où la superstition & la béguenlerie donnent à cette vertu précieuse un air forcé & contrefait, qui la rend impraticable & ridicule.

A peine la petite Demoiselle peut-elle marcher, qu'on lui donne un Maître de danse : celui-ci, arrivant le premier, lui paroît le plus important de tous, & l'art frivole des graces factices, auxquelles il vient plier son petit individu, est sans doute le plus nécessaire & le plus merveilleux, puisque l'on commence par là : celui des grimaces en est si voisin, que d'ordinaire il s'apprend en même temps & de lui-même. Observez nos poupées de cinq à six ans ; que d'affectation ! quelles contorsions ! que de minauderies ! ne diroit-on pas qu'elles en ont déjà dix-huit ?

Il résulte de là, qu'une femme honnête sait presque toujours danser, comme elle devroit savoir écrire ; & la plupart n'écrivent à peu près que comme la bienséance exigeroit qu'elles sussent danser ; à peine en trouve-t-on une entre mille, dont la main soit assez bien formée pour peindre un caractere net & distinct : il y en a bien moins encore qui soient capables de tracer une orthographe supportable & intelligible. Les distractions sur tous les points d'instruction, & les frivolités se multipliant sur la route de l'âge de raison, chaque jour l'ignorance devient plus profonde, plus habituelle & plus incorrigible.

Avez-vous remarqué, Milord, dans nos promenades publiques, ces jeunes automates, dont les muscles sont déjà cuirassés dans une palissade de baleine, & qui, succombant sous les liens d'une parure pénible, communiquent à un panier, plus grand qu'elles, le mouvement élastique d'une marche sautillante ? Avez-vous vu l'œil de ces petites créatures se tracasser, fatiguer ses nerfs moteurs, pour imiter le jeu de ceux des grandes Dames ? Que seroit-ce, si vous entendiez la *Bonne* imbécille, interrompant les fleurettes que lui conte M. le Précepteur, dire à une petite fille, toute bouffie de vanité : *Tenez-vous droite, Mademoiselle, voilà votre petit mari.* Alors le petit Monsieur, endoctriné par le galant pédagogue, prélude machinalement au rôle d'admirateur. Le papa & la maman, les amis de la maison, les Dames du bel-air, qui y viennent apporter leur inutilité, s'épanouissent en voyant les deux bamboches répéter une scène, qu'un intervalle de quelques années rendroit indécente & dangereuse.

Je me rappelle une de ces anecdotes enfantines qui font jaser pendant deux
jours

jours toute la société des papas & des mamans, & qui prouvent quel est l'engoûment des parens frivoles & peu raisonneurs, aux yeux de qui les usages abusifs de la Société ont le pas sur les devoirs essentiels de l'homme. Dans un bal, car on en donne de bonne heure à ces petites machines à qui l'on se pique de communiquer plutôt le mouvement que la pensée ; dans un bal, dis-je, une Hélène de huit à neuf ans avoit allumé une guerre entre deux rivaux du même âge : les deux Chevaliers, suivant une coutume non moins insensée, avoient déjà l'épée au côté. Sans doute ils avoient entendu dire qu'en pareil cas, quelques-uns de leurs ancêtres s'étoient battus en champ clos ; car les femmes qui les élevent, leur font le récit de nos vices avant celui de nos vertus. Nos deux champions se mesurent de l'œil, se menacent, se parlent ; tandis que les Précepteurs & les Gouvernantes évertuées se font des galanteries, ils se dérobent dans l'encoignure d'un vaste buffet, & mettent flamberge au vent : ils ferraillent, ils poussent ; l'un des combattans égratigné, laisse échapper un cri de douleur & d'effroi, à la vue de quelques gouttes de sang qui teignent sa manchette : le vainqueur, encore plus troublé, pâlit, chancelle, se met à pleurer. L'assemblée s'émeut & s'inquiete : on court, on s'empresse, les Bonnes hurlent, les Précepteurs grondent, tempêtent, crachent du latin, & jurent *per Jovem*. Représentez-vous, Milord, le désordre & la confusion de cette scene : on examine les deux héros, on leur tâte le pouls, on met au blessé l'appareil, qui consiste en une mouche que la Gouvernante tire d'une boîte qu'elle tient de M. l'Abbé. Cependant les Précepteurs, en cercle, se parlent & déliberent : on prononce qu'il faut soudain donner le fouet aux deux parties belligérantes : elles perdent toute leur férocité, & désespérées de la triste récompense que leur courage est prêt à leur attirer, elles font retentir la salle de leurs vagissemens & de leurs sanglots. Heureusement les papas arrivent ; ils s'informent avec exactitude, & coupant court à toutes les remontrances magistrales des pédans à gages, ils embrassent avec joie leurs héritiers, & déclarent qu'à ce noble courroux ils reconnoissent leur sang : la sentence préceptorale est cassée ; les deux petits preux s'essuient les yeux, & sont ramenés en triomphe auprès de la petite, dont le cœur se dilate d'orgueil. La maman, ravie, a grand soin de rappeler alors le bruit que sa beauté occasionna jadis, & sa fille se remplit ainsi d'idées fausses & barbares, qui aideront sa vanité à en faire une femme romanesque & dangereuse.

J'ai vu cette scène, Milord ; qu'en pensez-vous ? Vous avez trop de justesse & de pénétration, pour que je perde du temps à vous en développer les conséquences futures. — J'entrevois, comme vous, combien il est dangereux de laisser s'imprimer dans la tête d'un enfant l'estime des préjugés que contrediront les leçons qu'on doit bientôt lui donner. Mais, mon ami, vous ne parlez pas de l'aiguille ? elle occupe les mains de nos femmes, dès que leurs doigts sont en état d'agir ; personne n'est excepté. — Milord, votre méthode me paroît tendre à éloigner d'elles l'idée de tout ce qui pourra faire un jour le motif & la matiere de leurs vices & de leurs défauts : la nôtre est bien moins sensée ; c'est, comme vous voyez, la premiere chose qu'on leur fait voir. Nous avons la sottise d'espérer qu'elles en perdront le souvenir en devenant grandes. Nous allons parler du travail, en suivant notre ridicule marionnette au couvent, où l'on se flatte de voir sa métamorphose.

Elle a près de douze ans ; déjà les petits Messieurs n'ont plus la permission de jouer avec elle ; alors la prud'hommie de ses discrets parens tire entre elle & le monde, où elle doit rentrer un jour, la barriere de la clôture monastique. Là, on commet à la superstition fatigante & insensée, le soin de combattre & de détruire les petites idées qu'ont dû faire naître les inepties galantes dont on a bercé son enfance, & qui ont servi à divertir toutes les connoissances du logis. Quel changement ! la tendresse puérile des parens avoit semé les objets de fleurs, la bégueulerie clauſtrale les hérisse d'épines : tout étoit innocent, tout devient un crime ; tout étoit permis, tout devient un mal, jusqu'à la pensée même des petits Messieurs avec qui l'on faisoit des essais de coquetterie, jusqu'au désir de tous les pompons que la *Bonne* promettoit comme une récompense, & dont la privation fut plus d'une fois le châtiment des petites humeurs : tout cela, dis-je, devient condamnable ; il faut le croire, s'y conformer, ou bien.... Ah ! Milord, quelle excessive & sotte école ! Des raisonnemens pieusement extravagans & ridiculement scrupuleux des Nones, l'enfant ne doit-il pas conclure que papa, qui dit toujours de si jolies choses aux Dames, & qui leur baise si poliment la main, eſt en état de péché mortel ; que maman, qui sourit si gracieusement à tous les beaux

Messieurs, n'eſt guere moins en danger que lui ? Si la petite eſpiegle a aſſez de malice & de pénétration pour s'appercevoir que la Mere maîtreſſe des Penſionnaires eſt une folle, ou qu'elle ne parle ſi mal des joies de ce bas-monde que par le dépit qu'elle ſent d'y avoir renoncé, que voulez-vous qu'elle apprenne alors d'une inſtitutrice à qui elle ne peut jamais ſuppoſer le ſens commun ? Que de dangers ne court-elle pas d'étendre trop un jour les maximes qu'il faudra qu'elle ſe faſſe à elle-même, pour échapper aux effets de celles qui la rendroient auſſi idiote & auſſi hériſſée de ſuperſtition, que l'être déraiſonnable par état que l'on charge de l'endoctriner ! Vous voyez, Milord, qu'il eſt difficile de puiſer là la connoiſſance de ce juſte milieu qui peut maintenir un être raiſonnable ſur la ligne qui ſépare la bigotterie de l'oubli des devoirs rigoureux. Auſſi ne remarque-t-on dans les couvens que deux ſortes de diſpoſitions extrêmes dans les éleves ; l'ennui, le dégoût, la démangeaiſon dévorante d'en fortir, ou bien le délire fanatique, qui prépare quelques individus mélancoliques à y refter, pour traîner une mourante vie dans les regrets & les chagrins. Parmi celles que cette illufion ne fait pas renoncer au monde, le moment de la liberté eft très-fouvent celui de la licence ; &, femblables à ces eaux jailliffantes qui s'élevent avec une force d'autant plus grande qu'elles ont été comprimées davantage, l'imagination prend alors un effor auquel il eft bien difficile que le cœur & la volonté réfiftent.

Vous fentez à merveille que, féqueftrées, depuis qu'elles fe connoiffent, d'une Société que par conféquent elles doivent ignorer, les filles timides & bornées qui habitent les cloîtres, peuvent tout au plus pofféder les vertus factices de leur état. Quel rapport les exemples de régularité clauftrale peuvent-ils avoir avec les qualités effentielles à une époufe, avec les devoirs d'une mere de famille ? Quelles maximes de conduite domeftique peut fuggérer à des personnes renfermées, un train de vie partagé entre la contemplation stérile & le soin d'orner des *agnus* ? Indifférentes sur tous les objets de leurs besoins, où puiseroient-elles une méthode de prévoyance & d'économie ? De pareilles mains ne peuvent rendre au monde qu'un être plus inutile & plus neuf qu'elles ne l'ont reçu. Tandis que la jeune personne y passe son temps à broder, à chanter de pieux Cantiques, à dessiner quelques fleurs, à toucher du clavecin, & qu'elle y végete dans un long & funeste oubli de l'art de vivre, agitée du désir de la liberté, & tourmentée par les premieres saillies de la Nature, qui la conduit à la puberté; Madame sa mere, dégoûtée enfin des prétentions de son jeune âge, & avertie, par l'abandon de ses adorateurs, qu'il est temps de lui céder la place, s'y résout à regret. La prévoyance & l'ambition de la famille lui cherchent un époux. On ne consultera point son goût; on cherchera encore moins à assortir les caracteres; & les deux victimes, traînées à la fois aux Autels, s'y verront presque pour la premiere fois.

Mais avant de vous dire, Milord, ce que pourra devenir une pareille union, retournons au bal, où nous avons laissé notre petit Monsieur, & voyons par quel chemin on le conduit au même instant critique, qui doit avoir tant d'influence sur sa vie, & déterminer presque toutes ses démarches futures.

Vous avez vu le petit bon-homme entre les mains d'un pédant, dont Monsieur son pere a contredit orgueilleusement les remontrances. En général, un personnage comme celui-là est d'une si petite conséquence parmi nous, qu'on est dans l'habitude de le traiter fort lestement. Pendant mon séjour en Angleterre, je me suis apperçu que le choix d'un Instituteur étoit une affaire grave & importante. Les parens y apportent les considérations les plus mûres; une sordide économie ne les arrête point, & l'homme d'un vrai mérite est certain d'être préféré, quelque chose qu'il doive en couter. Est-il possible qu'un pere puisse penser autrement ? Celui qui doit le représenter, & donner, pour ainsi dire, à son fils la vie intellectuelle & morale, ne doit-il pas être digne de l'estime la plus réfléchie, & de la confiance la plus illimitée? Vis-à-vis d'un personnage aussi intéressant, doit-il calculer ses bienfaits avec cette parcimonie qu'il lui est permis de mettre à supputer les gages des valets inutiles dont il est environné ?

On est bien éloigné d'adopter ce raisonnement ici : tous les ans, il nous arrive des Provinces une nuée de jeunes gens, affublés de l'attirail ecclésiastique, dont l'indigence seule fait la vocation. Ces nouveaux débarqués inondent d'abord le quartier de la ville qu'on nomme le *pays Latin*, empire poudreux & grossier du pédantisme & de la barbarie. Lorsque l'essaim de tous ces insectes collégiaux a eu le temps de prendre langue, il se remue, il s'intrigue ; enfin il se fait présenter : les *Bonnes* s'intéressent & s'en mêlent ;

quelquefois même leur bonne mine & leur heureuse étoile leur procurent une occasion, comme celle de votre *Provence*; mais plus universellement encore, celui qui se contente de cent écus, est le plus promptement placé; il entre dans une maison où son rôle est toujours humiliant & subalterne, & où la premiere condition est qu'il conduira son éleve d'après les fantaisies de Madame, ou bien qu'il le moulera soigneusement sur les travers de Monsieur. L'enfant fait, en rechignant, des études désagréables, d'après une méthode pédantesque qui le dégoûte; & après cinq ou six années de temps perdu, il entre dans le monde avec un esprit vide, un cœur sans principes; où l'oisiveté donnera bientôt accès à tous les genres de corruption. Le mercenaire, qui s'en embarrasse fort peu, va chercher une autre condition, où il puisse être le complaisant des parens imbécilles, le galant des soubrettes, & le jouet de la valetaille du logis.

Vous me faites là, répliquai-je, un

tableau que certainement vous chargez un peu. — Non, Milord, non : je suis persuadé que je n'ajoute rien à la réalité ; c'est ainsi qu'ont été élevés ces petits merveilleux, à qui le période qui suit a donné le temps de contracter toutes ces habitudes ridicules & vicieuses, que vous avez vous-même censurées avec tant de sévérité. A moins d'une préparation comme celle-là, comment seroit-il possible qu'ils devinssent ce qu'ils sont ? — Mais au moins on leur inculque des principes de conduite, des maximes de Religion, d'où la morale découle d'elle-même ? — Oui, on leur fait répéter des formules dont le sens ne laisse de traces, ni dans leur tête, ni dans leur cœur. A côté des préceptes les plus séveres, on leur laisse voir les usages les plus relâchés, & de bonne heure on les accoutume à gober les contradictions dont vous les avez vus pétris avec tant de surprise. Par exemple, un Précepteur bigot, car il s'en trouve, & ce n'est point la moins mauvaise de toutes les
especes,

especes, effrayera son éleve sur les conséquences fatales & criminelles aux yeux de Dieu & de la Patrie, de ce qu'on appelle *affaires d'honneur ;* en même temps il n'aura pas l'esprit, ou il négligera de rompre son humeur & de dompter les inégalités d'un caractere hargneux. Qu'arrivera-t-il ? à la premiere occasion, au sortir de ses mains, l'éleve chancelant entre les impressions de la morale de son Instituteur & la voix impérieuse de la coutume condamnable, qui prescrit à l'offenseur & à l'offensé de s'égorger, se désespere ou se déshonore. La leçon délicate que l'on peut donner sur cet article difficile, ne peut être inspirée que par un Maître habile & sensé; il en est de même de presque tous les autres qui tiennent à la conduite d'un homme de qualité dans le monde, à ses devoirs dans une Société bizarre, & à sa marche, à travers les écueils des Cours où il est destiné à vivre. Quelle profondeur de principes! quelle sagacité de choix dans les moyens! quelle circonspection ne faudroit-il pas

Tome III. F

lui inspirer ! ce ne peut être là le lot de ceux que généralement on en charge.

Mais voyons ce que deviendra le jeune homme. Débarrassé du pédant incommode, dont les leçons épaisses tourmentoient & rebutoient son intelligence ; délivré de la présence continuelle d'un compagnon désagréable & d'un témoin fâcheux ; prémuni d'une haine & d'une aversion insurmontable pour toutes les connoissances qu'il n'a entrevues que du côté de leurs épines, il respire, il est en liberté, & il se promet bien d'en faire usage. Sa naissance l'appelle au parti des armes ; dans cette noble profession, il se signalera par son étourderie & son ignorance, en proportion de l'opulence & du crédit d'une famille qui peut lui ouvrir le chemin aux honneurs, sans qu'il se donne de son côté la moindre peine pour y parvenir : il est assuré d'avance qu'ils viendront au devant de lui.

Mon étourdi, les deux épaules ombragées de paillettes & de graines d'épinards, court pendant six mois tous les quartiers de Paris ; il éclabousse, il écrase les passans ; & en attendant que le retour des hirondelles lui marque le moment d'aller étonner de son faste & de ses gentillesses une garnison éloignée, il fait ses premieres caravanes de débauche dans un âge tendre où la Nature s'épuise facilement par les excès, sous les auspices de quelques amis qui ont déjà trois ou quatre ans de pratique dans la même carriere. Ici, Milord, il faut placer un intervalle de sa vie, semblable à celui qui n'a emporté que les quinze jours les plus malheureux & les plus regrettables de la vôtre. Mais que la jeunesse est bien plus longue ici qu'en Angleterre ! ce n'est point cette fievre éphémere de la raison qui l'étourdit & l'égare pendant un accès assez court, pour lui laisser reprendre ensuite son empire avec plus de force ; c'est une maladie lente & perfide, malgré sa violence, qui s'attache, jusqu'au tombeau, à des hommes trop frivoles pour la consulter. Peut-être y entend-on parler quelquefois des devoirs sérieux de pere & d'époux ; mais en vain voudroit-on former une liste de ceux qui les remplissent. Les esprits, jouets de l'oisiveté, & forcés de sortir sans cesse de leur propre centre pour se distraire, n'ont point le temps de réfléchir sur les douceurs qu'ils peuvent offrir. L'ambition même, qui ramene quelquefois les hommes à un train de vie extérieurement plus raisonnable, ne peut guere produire cet effet dans des lieux où tous les rangs sont déterminés d'avance par le hasard de la naissance, où la seule voie pour percer est celle de l'intrigue, & où les petits seuls en ont besoin. Cet enchaînement d'abus fait que les uns sont ineptes, ignorans & libertins, & que les autres ne s'attachent qu'à être à propos souples & rampans.

Accoutumés aux tourbillons des vices dont ils sont environnés, & pénétrés de l'inutilité des vertus morales tant soit peu rigoureuses, les parens ne se soucient point d'en arrêter le débordement. *Mon fils*, disent-ils, *fait ce qui est reçu, ce qui est de mode ; tous les jeunes gens de son rang en font autant.* De quoi nous mettrions-nous en peine ? Il lui faut une femme riche, pour qu'une fortune immense mette un jour son héritier dans le cas de faire avec éclat ce que nous avons fait nous-mêmes, & ce qu'il a fait après nous : cherchons donc de l'argent d'abord ; de la naissance ensuite, & des agrémens & des vertus, s'il plaît à Dieu.

On part de ce point. Bientôt on lie le sort irrévocable & la destinée tumultueuse d'un homme sans principes, à celle d'une femme dont l'enfance & la nullité doivent durer autant que la jeunesse scandaleuse & éternelle de son époux. De là, l'éloignement mutuel, le désordre, les galanteries : heureux encore, si, contens de se mépriser, de prendre des revanches réciproques, & de s'imiter en tout, leur haine éclatante ne donne point des scenes scandaleuses à un Public, dont on n'appréhende plus le mépris, depuis que la multitude & la fréquence de pareils événemens sont venus à bout de fatiguer & d'endormir son indignation sur leur turpitude !

Vous avez trouvé, Milord, des contradictions dans l'extérieur de nos mœurs; c'est, en deux mots, parce que nos maximes sont toutes de pure théorie, & tous les vices contraires de pratique autorisée & impunie: il est bien facile aux derniers de faire perdre de vue les premieres, puisque les apparences mêmes sont devenues d'une aussi petite importance.—Je crois saisir actuellement la source de ces contradictions, & je prononce, sans hésiter, que vous êtes atteints d'une maladie morale bien plus cruelle que toutes les nôtres. Je sens que je formerois un vœu inutile, en désirant que la dépravation cessât tout à fait parmi nous; mais puisse au moins s'augmenter la nécessité où elle est de s'y cacher ! Je vois avec effroi que le levain se communique; & Londres se remplit tous les jours d'êtres qui, après s'être formés à Paris, viennent nous apporter leurs funestes perfections dans les Arts du beau monde actuel.

Je me suis apperçu, ajoutai-je, que vous ne m'avez rien dit des voyages de votre jeune Noblesse : n'en feroit-elle point ? — Ceux qui se piquent de copier les Anglais, Milord, font quelquefois l'honneur aux Etrangers d'aller chez eux critiquer leurs usages & persifler leurs manieres. Sans guides & sans lumieres, ils parcourent quelques Régions, pour ainsi dire, les yeux fermés, & ne signalent leur passage que dans les auberges des Capitales, par l'insolence des valets dont ils sont escortés. Ils étonnent les Cours Etrangeres de leur ignorance, & font pitié par leurs préventions. Ils reviennent ensuite faire des relations ridicules, & nourrir l'amour-propre pitoyable de leurs pareils, par la comparaison des objets qu'ils n'ont point vus, ou qu'ils ont mal observés. Le Journal des Voyages d'un de nos Elégans, se réduiroit au seul nom des villes, si l'on en retranchoit le Roman de ses bonnes fortunes. J'aime & j'eſtime ma Nation, & j'entre en colere lorſque je penſe à ces étourneaux qui, s'échappant de Paris, vont donner lieu de penſer aux autres Peuples qu'il n'eſt habité que par des calotins comme eux. — Conſolez-vous, mon ami ; mon exemple, pendant mon premier Voyage à Paris, ſuivi, prolongé & multiplié par tant de mes jeunes compatriotes, donneroit donc auſſi matiere à penſer qu'à Londres il n'y a que des dupes & des étourdis. J'eſpere, pour notre honneur, qu'on ne juge point de nous ſans appel ſur de pareils échantillons.

CHAPITRE V.

Opéra de Paris. Musique Française. Influence de ce même Spectacle sur les mœurs.

Peu de temps après le grave entretien que l'on vient de mettre sous les yeux des Lecteurs, je me rendis chez Bouillac. Eh bien! mon ami, lui dis-je, vive nous pour faire de la morale! Vous m'en avez donné à digérer pour quelques jours; je viens aujourd'hui vous prier de partager un petit passe-temps que je me suis proposé de prendre pour la troisieme ou quatrieme fois, depuis mon retour à Paris. J'avoue qu'il étoit proscrit dans mon idée, par le cruel ennui qu'il m'avoit causé à mon premier Voyage. Quoique l'intérêt, qui me le rendit un peu supportable alors, ne puisse plus me mouvoir aujourd'hui, j'ai tâché d'en tâter depuis; & je ne puis m'empêcher de convenir que, malgré cette différence, je l'ai goûté un peu plus que je ne le fis. Je ne devine point, reprit-il, de quoi il peut être question ! — De l'Opéra. Le Bal qu'on y donna l'autre jour, me valut toute la morale que vous fîtes enfuite ; la brillante repréfentation qu'on y a annoncée pour ce foir, me vaudra peut-être quelque chofe auffi. — Il eft bien difficile, Milord, de tirer de la morale d'un Opéra : au moins l'on ne s'eft jamais piqué d'y en mettre. — Toute celle que j'ai recueillie jufqu'à préfent, pour en faire la regle de ma conduite à venir, me vient de lieux où elle feroit encore plus étonnée elle-même de fe trouver, que fur les treteaux du Palais Royal. Venez, mon ami, venez voir *Alcefte* : morale à part, nous n'aurons pas perdu notre temps.

Nous partîmes prefque auffi-tôt. Quoiqu'il fût de bonne heure, une foule extraordinaire fe preffoit à la porte du Spectacle. La Garde, quoique doublée, avoit de la peine à contenir les flots tumultueux du Public, qui s'arrachoit les billets. Bouillac apperçut par bonheur un Danseur; l'ayant appelé par son nom, il trouva moyen de nous en faire donner promptement. L'Histrion, devant qui toute la foule se partagea rapidement avec le respect le plus burlesque, gagna le bureau, & revint, avec un air encore plus ridiculement important, nous remettre des passe-ports, moyennant lesquels nous franchîmes la barriere serrée & épaisse du pays des illusions. On me pardonnera ce petit trait d'ingratitude envers l'officieux Baladin. J'espere qu'on voudra bien trouver matiere à m'excuser dans le portrait suivant, que Bouillac m'en fit.

Vous avez dû reconnoître, Milord, le personnage qui nous a évité l'embarras & le désagrément d'être foulés & pressés à la porte. Il ne falloit pas moins que la pompe du titre que vous portez, pour vous mériter ce bon office. Graces à notre frivolité, il porte la tête encore plus haut dans les cercles où la mimomanie le fait souffrir, que sous le superbe panache qui ombrage son front dans les ballets. Ce plat saltimbanque, à qui la goutte aux pieds ou la dislocation d'un poignet ôteroient tout son mérite & toute son existence, pousse le délire jusqu'à se figurer que l'Univers ne renferme aujourd'hui que trois Grands Hommes; & assimilant l'Art des gambades au Génie créateur de l'Eloquence & de la Poésie, & aux puissantes facultés d'un Monarque législateur & conquérant, il se nomme orgueilleusement avec Frédéric & Voltaire. Jugez, Milord, de notre indulgence pour les foux : cet homme ne passe pas aux Petites-Maisons tout le temps qu'il n'emploie point à pirouetter sur le théatre ! — Ce symptôme de folie est on ne peut plus avéré ; mais, ajoutai-je en riant, si l'on traitoit avec cette rigueur tous ceux qui peuvent participer par gradation à un pareil délire, où logeroit-on tout ce monde-là ? — Je me souviens d'un conte plaisant, qui ne peut avoir été fait que par un de vos compatriotes qui se divertissoit

sans

sans doute à grossir nos travers. Il prétend que pendant la guerre derniere, au plus fort de nos désastres, il se trouva à côté d'un Parisien qui croyoit encore la Nation trop heureuse de posséder ce grand Virtuose. — Avec beaucoup de citoyens de cette espece, il est certain qu'on ne courroit aucun risque de multiplier les loges.

Bouillac accumula les anecdotes sur l'Opéra ; mais il évita avec soin de rien décider sur les perfections ou les défauts de ce grand Spectacle, dont les Français ont long-temps dit trop de bien, & dont les Étrangers ont dit trop de mal. La toile se leva enfin. Je remarquai que mon compagnon étoit tout en oreilles : il ne lui échappoit pas un mouvement, à l'exception de quelques grimaces que ramenoient de temps en temps les intonnations fausses & aigres de quelques Acteurs emportés par leur mauvaise méthode de chant ; & je crois qu'il n'eût pas lâché une parole d'un bout à l'autre, sans l'impatience que lui causerent les animadversions hors d'œuvre d'un perfonnage qui étoit tapis derriere lui.

Dans tous les Spectacles de Paris, il eſt aſſez ordinaire de rencontrer de ces hommes, piliers aſſidus des loges ou de l'orcheſtre, qui s'imaginent propager leurs fentimens, en fatiguant tout haut les Auditeurs par leurs remarques. Il y en a ſur-tout des eſſaims dans tous les coins de la ſalle de l'Opéra, depuis la révolution ſenſible & heureuſe qui s'eſt introduite dans le goût de la Muſique qu'on y exécute. Celui-ci étoit au moins fexagénaire : une perruque blanche deſcendant du front, ſe partageoit en béquilles, qui venoient ombrager deux joues maigres & décharnées : un menton très-pointu ſe colloit ſur ſa poitrine par une ſuite de l'attitude de ſa tête, dont l'habitude invétérée annonçoit que tout chez lui étoit ſoumis à ſon empire. A travers les béquilles flottantes de ſa fauſſe chevelure d'un blanc à éblouir, perçoient deux oreilles rivales de celles de Midas. C'eſt le portrait de pluſieurs de ces Lulliſtes échauffés qui fréquentent l'Opéra. Il n'étoit pas difficile de sentir, à l'air chagrin & au caquet désespérant de celui-ci, qu'il étoit un des plus ardens de la secte. Tout lui sembloit détestable, surchargé, estropié, embarrassé : on faisoit, s'écrioit-il en soupirant, bien plus simplement de son temps. Ensuite, d'une voix rauque & cassée, il se mettoit à gronder quelque air suranné de l'Opéra de *Bellerophon*, ou le commencement de quelque passepié des ballets de *Campra*. Ses refreins désagréables succédoient à ses observations assommantes, & ses observations revenoient après ses refreins. L'impatient Bouillac, jusque vers le milieu du second Acte, se contentoit de le regarder de temps en temps avec des yeux hagards, dont l'expression, mêlée à la fois de colere, de surprise & de mépris, eût fait taire tout autre. Quelquefois il lui lâchoit un *psh* terrible, mais qui ne faisoit que blanchir contre son large timpan. Une grande main livide & blême appuyée sur un bec à corbin d'or, la tête immobile, mon homme alloit son train. La Piece en étoit à la superbe scène du Temple, où le Peuple éploré vient invoquer l'assistance d'Apollon pour obtenir les jours d'Admete ; les vœux des Prêtres, les pleurs d'Alceste, la douleur & la confusion des Sujets du Roi expirant, exprimée par le Musicien d'une maniere si sublime & si pathétique, faisoient sur nous les impressions les plus vives. L'amateur de la psalmodie antique, toujours glacé & chagrin, s'avisa de dire avec humeur & ironie : *Fort bien, fort bien ! il semble que je sois à une Messe des Morts.* Eh parbleu ! Monsieur, lui dit Bouillac en se retournant avec une chaleur pleine de dépit, c'est que c'en est une que vous entendez. Le laconisme de cette apologie, le ton comiquement colere de celui qui la prononçoit, le sarcasme qui brilloit dans ses yeux, firent faire un mouvement rétrograde à l'apôtre du vieil Opéra ; & à la grande satisfaction de tous nos voisins, dont pas un ne lui avoit soufflé mot, il fut continuer sa satyre, & chercher des prosélytes à l'autre bout de la salle. Je l'apperçus de loin au milieu d'un groupe de perruques étoffées, les unes à marteau, les autres à la brigadiere, dont une partie ronfloit sur un dîner copieux, & l'autre bâilloit malgré *Glouke.* Là, il achevoit sa mission avec plus de succès, & dogmatisoit sans contradicteurs. Nous gagnâmes, sans autre accident, la fin de la Piece. Bouillac, ainsi que moi, rassasié d'admiration, me dit : Voilà, Milord, pour me servir d'une expression en vogue, le premier de tous les mélodrames. L'Italie ne m'a rien fait entendre qui lui soit comparable d'un bout à l'autre. La mauvaise exécution des Chanteurs & des Chanteuses ne sauroit assez en déguiser les beautés, pour empêcher de lui rendre cette justice. En vain une longue habitude a gâté leurs voix & corrompu leur goût; la simplicité, la vérité pathétique de la mélodie, la richesse & la convenance de l'harmonie les entraînent & les élancent hors de leurs défauts. Le Musicien plein de génie, qui dicte leurs sons & leurs accords, les subjugue eux-mêmes, & ce n'est pas la moindre des victoires qu'il remporte.

En parlant ainsi, nous avançâmes vers le foyer qui donne sur la place du Palais Royal. Le grand nombre de connoissances que nous avions l'un & l'autre à Paris, nous y fit rencontrer quelques personnages dont le concours promettoit un entretien intéressant sur la Musique & sur l'Opéra. Bouillac, en les appercevant, me dit : Oh ! Milord, voici des Amateurs ! Nous allons entendre des opinions bien partagées, & soutenues avec bien de la chaleur de part & d'autre. On prend parti sur tout à Paris, & avec un entêtement qui prouve combien il est heureux que cette Nation exerce son énergie sur les riens qui se présentent à elle : elle s'évapore ainsi sans effusion de sang. Les grands objets se noyent dans la multitude des petits dont on l'amuse. Si cette grande Ville formoit une République, la recette de Thémistocle coupant la queue à son chien, feroit fortune. *O terque, quaterque beati !* — Monsieur Bouillac, vous m'avez volé cette réflexion ; elle appartient de droit à un *Rosbif* comme moi. — Chut, Milord, n'en dites rien à personne ; je vous la rends, je trouverai mon compte à la mettre sur le vôtre. Cinq des personnes qui venoient dans cette espece de galerie, s'attacherent sur-tout à nous. — Parbleu ! Messieurs, dit un vieux Robin à perruque nivelée, voilà donc du *Glouke* ? Oh ! vraiment, c'est bien la peine de faire tant de fracas pour cette *Alceste*. Pour moi, je m'en tiens à mon Rameau. — Eh ! Monsieur, reprit un Marquis abonné & qui joue quelquefois un second violon en dixieme aux concerts bourgeois, cet homme-là est enterré il y a un siecle. — Un siecle, Monsieur, vous manquez à la chronologie. — Au reste, la chronologie ne fait rien à l'affaire ; mais, Monsieur le Président, parle-t-on encore de Rameau ? — Comment Rameau, Colâsse, Lully, noms immortels ! — Et sifflés aujourd'hui.

— Ce seroit à tort, reprit Bouillac; je pense qu'on peut actuellement goûter peu les Pieces dont ces Auteurs célebres ont fait la Musique, & s'y ennuyer même, sans que cet outrage réfléchisse jusqu'à leurs manes. Les progrès que fait un Art, ne font point la censure, & n'autorisent point à jeter du ridicule sur ceux qui lui donnerent le premier essor, plus difficile que tous ceux qu'il prend par la suite. — Un de ceux que nous avions abordés, prit alors poliment la parole. C'étoit un de ces Français raisonnables & charmans, qui sont faits pour servir par-tout de modele aux gens bien nés. Monsieur le Marquis, dit-il, conviendra sans peine de cela; & comme pour déterminer son suffrage en pareille matiere, il n'est question que de prendre avis des sensations qu'on a éprouvées, je présume que M. le Président, dont l'oreille est si parfaite & l'ame si sensible, attendri par les sons déchirans de la douleur d'Alceste, ne nous refusera pas de faire l'aveu, que le Musicien de Vienne a donné à s'Art un nouvel élan. — Ah! Monsieur, dit le Président, il y a des passages assez touchans par-ci par-là; mais il faudra en revenir à l'ancienne maniere: Lully, Campra & Rameau! Ah! Monsieur, Rameau! c'étoit-là le beau, le sublime, il falloit s'y tenir! — Allons, allons, M. le Président, allons, reprit un Abbé à voix grêle; je vous passe de bon cœur votre antipathie contre le *Glouke*; il est tudesque à pleine bouche, nulle finesse, nulle légéreté; mais...... — Comment, M. l'Abbé, dit le Marquis, Glouke, le sublime Glouke, tudesque! & où trouverez-vous?.... — Patience, Monsieur, patience! vous allez entendre des sons divins, du... — Du bruit harmonieux, de la mélodie sautillante, peut-être? Je gage que vous êtes Picciniste.... — Oh! très-décidé même. Comment? mais Piccini est le premier homme de la terre. Ici l'Abbé s'empara si bien du tapis, qu'il parla pendant trois minutes sur le chapitre de son héros, sans que les autres pussent le débouter; enfin il termina par s'appuyer de l'autorité du Bel-esprit Marmontel, qui, disoit-il, venoit de pulvériser dans une brochure le Germain, & toutes les prétentions de ceux que son vacarme avoit surpris. Je fus bien aise de voir l'homme sensé reprendre la parole. — Messieurs, dit-il, tout ceci me paroît bien excessif. Il fut facile à cet Académicien d'entraîner quelquefois les esprits ; il ne le feroit pas autant de prendre un empire sur les oreilles. Tout le monde n'a point les qualités de l'entendement qu'il faut pour juger des Productions littéraires ; mais presque tous les humains ont reçu de la Nature une sensibilité plus ou moins grande aux charmes réels de la Musique : elle semble même avoir étendu ce bienfait jusqu'aux animaux. Il seroit impossible de prouver à tant d'Auditeurs attendris, qu'ils ont eu tort de se laisser émouvoir. Or, il est indisputable que la représentation d'Alceste a fait la sensation la plus vive & la plus impérieuse. Le silence étoit général, & annonçoit la suspension des facultés absorbées ; les yeux étoient humides de pleurs, & les applaudiſſemens contenus par la crainte d'interrompre le plaiſir. Je crois, Meſſieurs, que cela peut s'appeler un hommage. Je ne connois rien de ſi ſtérile & de ſi ſuperflu que d'analyſer dans les Arts de pur ſentiment. — C'éſt une faute, répliqua Bouillac, que le Bel-Eſprit partiſan de Piccini a commiſe plus d'une fois : il parle Muſique, comme il a parlé des Productions du Théatre Anglais, c'eſt-à-dire, ſans y comprendre beaucoup ; & ſon thême, dicté par ſes préjugés & dévoré enſuite par des enthouſiaſtes, roule probablement ſur ce qu'il n'a point entendu. Je ſuis peu connoiſſeur ; mais, comme Monſieur, je prends pour juges les effets ſentis d'une maniere générale & involontaire. Cette eſpece de déciſion ne plut nullement aux parties ; chacun continua à ſoutenir ſon opinion avec la même chaleur, & les préventions reſpectives redoublerent avec un torrent d'argumens hériſſés de tous les termes de l'Art, placés avec cette impropriété où tombe si communément l'ignorance des Amateurs à prétentions. Je m'en rapporte à Milord, dit tout à coup l'un des disputans ; son pays est un théatre riche & opulent où les Arts sont encouragés ; on y entend à peu près tout ce qu'il y a de mieux après l'Opéra de Paris. Je ne pus m'empêcher de sourire à cette exception. — Je suis bien peu connoisseur, Monsieur, répliquai-je, & comme ces Messieurs, mes seules sensations dicteroient mes arrêts. J'ai un trop foible usage de votre ancienne mélodie, pour décider sur ce point. Le peu que j'en ai entendu, m'a rappelé notre *Handel*. Malgré ses combinaisons harmoniques, qui peuvent le faire marcher à côté de Rameau, que souvent il surpassa par le chant, nous le trouvons en général lourd & dénué d'expression. *Glouke* m'a paru énergique, terrible & touchant, rapide & vrai. *Piccini*, plus élégant & plus varié, plus délicat & plus léger, ne me semble atteindre ni à sa simplicité, ni à sa force soutenue. De toutes les grandes machines

machines d'Opéra que je me rappelle avoir entendues, je ne me souviens d'aucune où l'impression propre au sujet soit aussi vive & aussi continuée que dans Alceste. Au reste, nous pensons en général chez nous, qu'il est peu de mérite exclusif. Nous accueillons tous les Artistes célebres dans un genre dont nous sommes nous-mêmes dépourvus, & nous laissons au Public à les payer à son gré, en proportion du plaisir qu'ils lui font. Je m'apperçus que cette décision ne convenoit pas plus aux disputans que la premiere. Effectivement la plupart avoient insensiblement gagné la porte & leur voiture, avant que j'eusse achevé. Le seul personnage du groupe qui eût été neutre, étoit resté avec Bouillac & moi. Nous rîmes ensemble du tracas que l'on se donnoit, en se partageant sur des matieres d'agrément où il n'y avoit rien à prendre que du plaisir, & de la duperie de tous ces prétendus connoisseurs qui ne peuvent se résoudre à le chercher que dans les préventions dont ils se sont affublés. Le Comte de ***, c'eſt le nom de cet homme plein de raiſon & d'aménité, partit auſſi.

A peine nous eut-il laiſſés ſeuls, qu'un jeune étourdi de dix-huit ans, au tein rouge & fleuri, à la friſure la plus ample, auquel je n'avois pas fait attention pendant la converſation, ſe hâta de nous joindre. Il ſe laiſſa, pour ainſi dire, gliſſer depuis la cheminée du foyer juſqu'à nous, ſur une ligne droite qu'il décrivit en faiſant cinq ou ſix pas graves avec autant d'art & de préciſion qu'un des meilleurs Danſeurs que nous euſſions vus ſur le théatre. Milord, me dit-il, ces Meſſieurs veulent *parler Opéra* ; mais, entre nous, ils n'y entendent rien. Du Rameau, du Glouke, du Piccini, tout cela eſt bel & bon, mais ne fait pas grand choſe à l'affaire ; des paroles de Quinault ou des vers de Poinſinet, cela eſt fort égal encore. Ce qui fait l'ame de ce grand ſpectacle, & ce qui nous aſſure à jamais la ſupériorité dans ce genre, c'eſt la danſe, Milord, c'eſt la danſe.

Sans Veſtris & d'Auberval, ſans la Guimard, ſans la divine Halard, tout ce qu'il y a de vrais connoiſſeurs à Paris ne mettroit jamais le pied ici. J'allois répondre à cette obſervation, mais je m'apperçus bientôt que j'y perdrois mon temps. Le nouveau champion enfila le plan d'un ballet tragique ; il mêla ſi rapidement & avec ſi peu d'interruption la pratique à la théorie, en copiant alternativement les graces & les pirouettes du Veſtris, les caracoles de l'élaſtique d'Auberval, & les attitudes des Guimard & des Henel, que nos yeux & nos oreilles n'étoient point en état de réſiſter à ce torrent burleſque & impétueux. Heureuſement, nous étions à peu près ſeuls dans la ſalle. Plus heureuſement encore, j'entendis crier mon nom : Bouillac & moi, nous deſcendîmes en nous tenant les côtés, & nous laiſſâmes le plus furieux & le plus ſingulier des mimophiles que nous euſſions rencontrés, déployer ſa belle jambe au milieu d'un aplomb où il eſt peut-être encore, devant la grande glace de la salle.

Echappés de cette derniere partie de la scène du foyer, où nous avions eu, malgré notre gravité naturelle, quelque peine à nous contenir l'un & l'autre, nous regagnâmes notre voiture. Pour peu qu'on veuille philosopher ici, me dit Bouillac après m'avoir donné le temps de rire, tour à tour Diogène & Démocrite, on trouve ample matiere à chaque pas.

Mais, mon cher Milord, l'étrange & magnifique Spectacle que nous venons de voir, où tant de défauts choquent les oreilles & les yeux d'un homme sensible & raisonnable, se soutient encore par une espece d'Amateurs plus facile à contenter. C'étoit aujourd'hui la *Capitation*, c'est-à-dire, le jour anniversaire de bénéfice pour les Acteurs. Dans ce jour privilégié, ils ont soin de mettre tout à profit. Si nous fussions arrivés plus tard, nous eussions été obligés d'aller sur le théatre, & d'y rester dans les coulisses, où les Galans de la ville étaloient leurs graces & essuyoient le feu des œillades de toutes les Nymphes du Palais Royal. Comment vous seriez-vous tiré de là? — Mais, sain & sauf, & tout autrement que je l'aurois fait il y a cinq ans. — Je le présume; mauvaise école des Arts dont elle prend sa dénomination, cette dangereuse Académie est, pour toutes les Belles qui s'y enrôlent, celle du libertinage le plus affreux & le plus dangereux : ses priviléges s'étendent à en exercer impunément toutes les adresses, & à en épuiser toutes les ressources. — Cet abus, répliquai-je, est-il véritablement aussi criant qu'on me l'a quelquefois dépeint ? — Comment ! au point que fille d'Opéra & courtisane effrontée & impunie, sont absolument synonymes. — Je sens à merveille que la vertu n'ira point se loger-là ; mais seroit-il effectivement possible qu'une jeune personne, égarée par la fougue de ses sens, par la vanité, par une séduction quelconque enfin, fût soustraite aux recherches d'une famille, à celles d'un époux, du moment où les Exarques de ce lieu de chansons & de cabrioles l'auroient inscrite sur leur catalogue ? Cela me paroît d'une absurdité !.... — Milord, ce pays-là a ses immunités & ses loix, cela est certain : on donna le titre fastueux & ridicule d'*Académie Royale de Musique*, à ce ramas d'Histrions & de Baladins, dans un temps où tous les Arts du Théatre étoient à Paris dans leur enfance : & comme tous les talens agréables sont ordinairement les fruits d'une éducation soignée & libérale, Louis XIV, qui vouloit en rassembler promptement un grand nombre, décida qu'un Gentilhomme n'y dérogeroit pas, & qu'une fille y seroit indépendante. Le préjugé légitime qui flétrit les saltimbanques, plus fort que la décision du Monarque, a retenu les hommes ; mais les Dames usent amplement du privilége indécent que leur accorda un Prince enivré de tout ce qui tenoit au faste & à la splendeur. L'habitude de les voir faire impunément, a durci le calus; & l'humeur railleuse du Public trouve toujours quelque côté plaisant dans les excès où ces Dames entraînent les pauvres dupes qu'elles plument, ou plutôt qu'elles écorchent. Nous avons d'ailleurs un si grand nombre d'aimables débauchés parmi les gens considérables, qu'il est très-commun de voir ces créatures, non seulement jouir de l'impunité, mais avoir du crédit. Je me souviens d'avoir connu un homme d'une naissance noble, qui joignoit à cela des talens littéraires très-distingués, devoir le pain de sa vieillesse à la protection d'une Cantatrice très-galante & très-décriée. En vain il avoit promené son génie & son indigence chez les Grands, d'antichambre en antichambre, la seule R*** fut assez puissante pour lui faire accorder une modique pension. Cette femme dut le pouvoir de servir un homme, que ce bienfait devoit humilier, à un train de vie qui eût mené cent fois à la S***, une malheureuse qui n'eût pas foulé les augustes treteaux où elle chante. — Mon ami, à la bonne heure, je pourrois encore passer cela ; mais qu'un pere, indigné de la honte que fait rejaillir sur lui l'enfant à qui il a donné son nom, par une prostitution d'autant plus déshonorante qu'elle a plus d'éclat, trouve entre elle & lui la barriere fantastique d'un état à la fois humiliant & protégé, quand il veut faire cesser le désordre ! j'appelle cela un assassinat civil honteusement autorisé, un abus infame & qui imprime sa tache sur l'ordre public. — Je ne sais, Milord, si ce cas se présentoit, si l'on ne dérogeroit pas à ces ridicules prérogatives : avec des Magistrats sages, comme ceux que notre bonne fortune actuelle nous a donnés, je présume que.... — Ce n'est pas assez, mon ami ; il faut que ce statut ridicule & déshonorant soit effacé. Pardon, au reste : je parle en homme indigné; je m'imagine voir mes perfides & impudentes D*** & de ***, sur l'absurde regiftre.... — Elles y sont bien aussi. — Comment ? mais la derniere ne dansa ni ne chanta de sa vie. — Oh ! Milord, il n'en faut pas tant. Quiconque, parmi nos courtisanes, sait faire des dupes & a de quoi payer l'inscription, peut exercer par privilége, n'eût-elle jamais touché les planches. — Mais voilà qui est affreux ! — Prenez la liste ; à peine la moitié des femmes que vous y trouverez, est utile au Spectacle dont les priviléges la mettent à couvert dans ses tentatives sur les fortunes & les mœurs de la jeunesse. Il y a là des honoraires, comme dans toutes les Académies. — Laissons ce chapitre, mon ami, il me souleve : la plupart de nos femmes de théatre ne valent guere mieux que les vôtres ; mais elles n'ont pas de privilége pour cela. Jamais il ne devroit s'en donner de semblable, sans que l'infamie, qui peut faire le contre-poids, ne soit à côté.

CHAPITRE VI.

Comédie Française. Causes morales de la révolution arrivée dans le goût des compositions dramatiques Françaises. Acteurs ; autres Spectacles.

Depuis que j'ai commencé à lire, à voir & à réfléchir, je me suis figuré que le Théatre d'une Nation, bien analysé & bien suivi, pouvoit contribuer beaucoup à faire connoître ses mœurs. Comme l'art de la Scène les a pour but, & qu'il les peint, on peut y puiser un faisceau de connoissances, qui naturellement doit être le résultat de toutes celles que les Auteurs ont dû acquérir, pour les saisir & les rendre. A Paris, tout est en surface aujourd'hui dans les sociétés & dans les rapports habituels des hommes entre eux ; aussi les Auteurs dramatiques ne paroissent toucher qu'à l'écorce des caracteres, & à la couche extérieure des originaux. On persifle dans les cercles; on y débite des *kalembourgs*; on n'entend pas autre chose non plus dans la plupart des nouveautés qu'offre le Théatre de la Nation. Quelques-uns de mes Lecteurs ne seront peut-être pas fâchés de savoir ce que c'est qu'un *kalembourg*. Ce terme, dont l'étymologie seroit assez difficile à assigner, désigne une espece de *rebus verbal*, qu'un sot trouve bien plus facilement qu'un homme qui a de l'esprit & de la raison. Quiconque est né avec le prodigieux talent des acrostiches, est bien près d'avoir le don sublime des *kalembourgs* : il font le sel des compositions, comme l'agrément des conversations modernes. Si, après cette définition, mes Lecteurs ne concevoient point encore ce que c'est qu'un kalembourg, je me justifierai de ce manque de clarté, en leur objectant qu'un kalembourg est une chose si entortillée & si obscure en elle-même, que ce caractere ne peut manquer d'influer sur sa définition. Qu'ils ouvrent le *Malheureux imaginaire*, & nombre d'autres

Comédies nouvelles, ils trouveront à s'en convaincre par leur propre expérience.

J'ai déjà observé, dans la relation de mon premier Voyage, que le Théatre de la Comédie Françaife est celui qu'un Etranger devroit fréquenter par préférence. Je fuis encore aujourd'hui de ce fentiment : les Acteurs parlent la Langue dans toute fa pureté ; &, à cet égard, c'est une très-bonne école pour tous ceux dont le premier défir, en arrivant à Paris, est d'y faire des progrès furs & rapides. Il est très-remarquable cependant que le grand nombre fait voir, pour ce Spectacle, l'éloignement le plus marqué. La falle est vide, au moins trois jours de la femaine ; & les autres repréfentations ne font courues que par les cabales, qui s'y rendent pour fiffler des Nouveautés, ou par les enthoufiaftes de quelques Auteurs favoris de la Nation, dont on y répete éternellement quinze ou vingt Pieces ; ce ne font pas même toujours leurs chef-d'œuvres, fuivant l'opinion du moins d'une bonne
partie

partie du Public connoisseur. L'envie que j'avois de connoître & d'approfondir, m'a fait surmonter quelques dégoûts que j'ai d'abord éprouvés; & comme ce Théatre étoit le plus national de tous ceux de Paris, j'ai vaincu ma répugnance, pour le suivre avec assiduité. J'espere que l'on voudra bien lire avec indulgence les réflexions qu'ose se permettre un Etranger sur la décadence visible où il est, & sur le mécontentement qui a excité les vœux du Public en faveur de l'érection d'un second Théatre, qui puisse le dédommager de tous les défauts qu'il peut reprocher avec justice à celui qui existe actuellement.

Des fausses délicatesses, des petites manies de l'esprit, le tour des gentillesses factices de ce que l'on appelle *gens du bon ton*, ont presque exilé le rire de la Scène Française. Les Auteurs, pour se conformer à ce qu'ils prennent pour l'esprit du siecle, & qui n'en est que la manie ou le tic, ont donné dans un genre de pointes & de carica-

Tome III. I

tures brillantes & monotones. Ce cercle & cet assemblage revenant sans cesse, jettent dans leurs Productions dramatiques la plus insipide uniformité.

Un de ces Ecrivains commença, il y a vingt ans, à mettre ce genre en vogue. Il réunit une certaine masse d'esprit ; il le revêtit de ce jargon, tissu de mots & vide de choses, qu'on se pique de savoir dans la bonne société, & qui descend par ramification chez tous les citoyens de Paris ; car ce peuple surpasse tous les autres, par la fureur qu'il a de copier les gens du bon ton & du bel air. Marivaux, c'est le nom de cet Auteur comique, faisant ensuite le même thême en cent manieres différentes, mit tour à tour ce verbiage séduisant, pour des Spectateurs qui se laissoient entraîner rapidement loin du naturel, dans la bouche d'une foule de personnages, de Marquis & de Comtesses, de Soubrettes & de Valets, qui tous ont la même physionomie. Qu'on lise ses Ouvrages, on trouvera d'un bout à l'autre le caractere extérieur &

général de la société des gens de qualité, saisi avec quelque vérité ; mais il seroit difficile d'y rencontrer une seule trace, ou d'y montrer une de ces nuances fortes des caracteres individuels peints par Théophraste, & mis en action par Moliere, avec cette vigueur & cette variété que la Nature reproduit dans les ames comme sur les visages. La premiere de ces deux tâches étoit bien plus facile à remplir que la seconde ; aussi le faiseur d'enluminures eut bien plus de copistes & d'imitateurs que le grand Peintre. La Scène Française n'offre que Marivaux retourné & mis en Vers par des hommes dépourvus fort souvent de cet usage du monde, qui aidoit leur modele à mettre quelque chose de piquant dans ses Ecrits : ils sont presque tous plus entortillés & plus pointilleux encore que lui, & ont copié bien plus fidélement ses défauts que ses beautés : voilà l'esprit & la tournure des Compositions nouvelles les plus applaudies que j'aye vues. Je me suis apperçu que leur sort étoit d'être accueillies par cette partie du Public qui veut avoir abſolument de l'eſprit, & qui, en le diſant, s'imagine le perſuader aux autres. Pour ceux qui n'apportent d'autre prétention au Spectacle que celle de s'y amuſer pour leur argent, je les ai vus ſortir froids & mécontens, maudiſſant le bavardage inintelligible, & les brillantes redites de perſonnages ſophiſtiqués, que Monſieur l'Auteur avoit hériſſés de ſes épigrammes & de ſon ſavoir-vivre agréable & alambiqué.

Quelques Beaux-eſprits modernes ont, par-ci par-là, fait des efforts pour égayer *à fond* les Spectateurs. J'ai cru voir que ces derniers, ſe précipitant dans un excès contraire, ſubſtituoient aux langueurs du haut comique, ſi fort en vogue, les charges de la bouffonnerie, & les traits groſſiers de la farce. Cependant le Public étoit ſi étonné de trouver de quoi rire, qu'il ſe jetoit à corps perdu ſur le *Jodelet* de Scarron, & ſe preſſoit au *Barbier de Séville* : ces rapſodies, ſans ſubſtance & ſans caracteres, n'offroient rien au cœur & à l'esprit ; mais elles excitoient la dilatation de la rate & les mouvemens convulsifs de la mâchoire. Cette sensation étoit quelque chose pour des Spectateurs qui, depuis long-temps, n'avoient été émus que d'une manière artificielle, & n'avoient applaudi que par convention.

J'allois fort souvent au Spectacle avec le Français raisonnable dont j'ai parlé dans la scène du foyer de l'Opéra : il m'avoit répété plusieurs fois que, dans ce siecle, ses compatriotes avoient des vices grossiers, dont la représentation indécente souilleroit la Scène, & des défauts plâtrés d'un vernis si uniforme, que leurs ridicules n'étoient presque point susceptibles d'être diversifiés. Cette réflexion a beaucoup de vérité : je crois cependant que le génie, qui auroit percé cette premiere couche, auroit encore trouvé une bigarrure inépuisable d'originaux. Le Protecteur faussement poli, ou hautain avec affabilité; le Bourgeois engoué du bon ton, estropiant les allures & les travers des gens de qualité du siecle aux dépens de sa bourse; le Financier, stupide Mécene des Beaux-esprits & des Savans, oubliant Barême au milieu d'une bibliotheque dont il ne connoît que les titres, amassant des coquillages & des madrépores, analysant l'air fixe, & faisant banqueroute à travers un fatras de connoissances où il n'est à la lettre qu'honoraire; l'Auteur, moyennant un Teinturier, comme M. Guillaume, prôné à force d'être prôneur; le Magistrat coquet, fréquentant les gens d'épée, qui jamais ne mit le nez dans Cujas & dans Bartole, &, de sa vie, n'eut d'autre manuel que les romans du jour; le Petit-Maître en cocarde & en plumet, qui, rêvant tactique, s'imagine faire la nique à César, & prendre à tout moment Turenne sans vert; la fille de Finance, devenue femme de qualité, se vengeant des mépris de celles de son rang sur sa parenté nouvellement échappée de la livrée, & surpassant ses modeles en impertinences; une multitude d'autres enfin, que l'on rencontre à chaque pas, & qui ne perdent rien de leur abfurdité primitive pour être un peu mafqués par l'enluminure du jour : voilà le champ où l'on puiferoit encore peut-être, fans l'humeur chatouilleufe des particuliers qu'une reffemblance trop vive rendroit furieux : car il y a bien des exemples de perfonnages obfcurs qui, en pareil cas, fe font écriés : *C'eft moi !* Doit-on écouter leurs plaintes ? & le timide pinceau de ceux dont le talent peut purger la Société, devroit-il s'arrêter au bruit & par l'appréhenfion de leurs clameurs ? Si, parmi nous, le célèbre *Foote* entretient encore la derniere étincelle du génie comique que laifferent les *Wicherley*, les *Congreves* ; ne devons-nous pas cet avantage à la liberté de peindre d'après Nature, & au jufte ridicule, qui devient le lot bien mérité des plaignans qui préferent de fe nommer avec fracas, au fage parti de fe corriger en filence ?

Les Comédiens Français apprirent, il y a quelques années, que nous avions rendu un hommage éclatant à la mémoire de Shakefpear : ce trait les frappa. Ils crurent devoir le même tribut aux manes de Moliere. A l'imitation de la fête féculaire, que nous célébrâmes dans ce lieu de la naiſſance du Pere de notre Théatre, ils jouerent la Piece intitulée la *Centenaire*. Le Public ſe joignit à eux : le Poëte Français recueillit des honneurs égaux, quoique moins pompeux que ceux que nous rendîmes au nôtre. Tous les yeux ſe détournerent pour un inſtant, des fadaiſes dramatiques & des raffinemens inſipides de nos faiſeurs de Madrigaux. A la chaleur avec laquelle le Public exhala ſes regrets, on auroit dit que le bon comique alloit renaître : ce fut un feu follet qui ſe diſſipa avec plus de promptitude qu'il n'en avoit eu à s'allumer, & le Maître de la Scène fut livré au jeu plat & ſans intelligence des Suivans de la Troupe ; ceux-ci s'exercent à le déchirer deux fois la ſemaine dans une ſalle vide de Spectateurs. Eſt-ce ainſi que nos Comédiens traitent les Chef-d'œuvres de Shakeſpear ? Ceux dont les talens ont fait une fortune affurée, briguent l'honneur de les jouer; ils y puifent fans ceffe de nouvelles leçons. Objets d'inftruction perpétuelle pour eux, ils font encore ceux de l'émulation des Auteurs qui marchent dans la même carriere : leurs beautés bien fenties les rappellent continuellement à celles de la Nature, dont la plupart de ceux qui écrivent ne font que trop enclins à s'écarter ; & fi, malgré cela, notre Scène eft affez ftérile dans ce fiecle, je penfe que ce défaut eft moindre que la rédondance ennuyeufe d'Ouvrages médiocres, enchâffés dans le cadre éternel où font circonfcrits tous ces Dialogues fucceffifs, qu'en France on appelle *Comédies*, quelques différentes qu'elles foient, des Ouvrages qu'on nommoit ainfi autrefois.

J'avoue que les Tragédies Françaifes ont un genre de beauté, & une forte de perfection que la plupart des nôtres n'ont pas. Melpomene, bien plus riche & plus féconde pour les fonds chez nous, a ici une décence, une régularité précieuse dans les formes. De tous nos Auteurs Tragiques qui pensent & conçoivent si fortement, il n'en est point dont les couleurs & le style aient cette belle uniformité, & cette marche égale des bons Poëtes Français. Cet avantage qu'ils ont sur nous, se fait sentir, surtout à la lecture ; mais à la représentation, il s'affoiblit d'une maniere sensible pour le gros des Spectateurs. Dans les Tragédies tout à fait modernes, j'ai cru voir un défaut qui concourt encore à son anéantissement. C'est la métamorphose du beau style dramatique de Racine, en enflure épique & en soubresauts sentencieux. Le retour périodique de ces maximes, qui terminent chaque tirade, donne un air de charlatanerie aux personnages, & fatigue autant l'oreille & l'esprit, que les deux Vers rimés qui fermoient anciennement les harangues de nos Acteurs : elles interrompent cruellement cette chaleur du sentiment qui a si mauvaise grace à parler par apophtegmes. Quand un Héros ou une Héroïne en ont lardé leurs discours, cette emphase leur donne, à mes yeux, l'insipidité de la pédanterie la plus insupportable. J'ai remarqué que ce défaut faisoit plus de déclamateurs encore, que le cliquetis de la rime & le hoquet des hémistiches, qui font scander tant de Comédiens ineptes.

Je ne veux pas réveiller l'ancienne querelle, en répétant les paralleles de notre grand Poëte Tragique avec les Auteurs Français dans le même genre. Cette opinion littéraire, soutenue par quelques partisans de ce génie, que nous sommes accoutumés à croire sans égal, a trop révolté des esprits attachés par habitude à leurs Productions, & accoutumés à les regarder comme supérieures aux nôtres. Je demanderai seulement que l'on veuille bien m'excuser, si j'avoue avec franchise que le manque d'événemens, l'uniformité & la ressemblance des plans & des caracteres, laissent un vide & une langueur sensible pour moi dans les Pieces tragiques qu'on joue à Paris. J'implore grace pour ces impressions : elles sont assurément l'effet de l'habitude des choses opposées ; & il y a long-temps que l'habitude a été appelée une seconde nature, qu'il est presque aussi difficile de dépouiller que la première. En m'exprimant avec cette réserve, j'espere ne point choquer ceux de mes Lecteurs qui sont irrévocablement entraînés par ce goût, ou par ces préjugés d'acception, que l'impétueux Bouillac fronda avec tant d'amertume pendant mon premier Voyage. Cette modération sera propre à ramener les deux partis à une réflexion fondée sur un Proverbe : *On ne doit point disputer des goûts* ; & peut-être mon exemple ira-t-il jusqu'à persuader qu'on ne peut ni ne doit avoir que des opinions, & ne jamais s'ingérer à prononcer des sentences.

J'ai beaucoup entendu déclamer contre un genre moderne, qui ne manque pas de partisans. Ceux qui veulent le couvrir de ridicule, lui donnent le nom absurde & contradictoire de *Comique larmoyant.* Ses Amateurs l'appellent *Drame,*

Drame, terme générique qui désigne toute Piece & toute action théatrale. On devine que ces derniers l'ont adopté, parce qu'un préjugé, qu'un Anglais regardera comme très-bizarre, a empêché de le nommer *tragique*. Chez nous, une Piece est appelée *Comédie* ou *Tragédie*, suivant la nature du sujet & des événemens : si ses impressions portent à la gaieté & au rire, c'est une Comédie ; si son objet & ses effets sont la pitié, l'attendrissement, la terreur & l'effroi, c'est une Tragédie. Ces dénominations, en France, ne dérivent pas seulement de la disparité dans l'objet & les moyens qu'emploie l'Auteur, on a encore égard à la qualité & à l'espece des personnages ; on trouveroit très-ridicule & très-absurde d'annoncer comme *tragique*, une Piece où l'on feroit agir des Bourgeois de Londres ou de Paris, quelque lamentables & quelque attendrissans qu'en fussent la fable & le sujet : si ces Bourgeois sont d'Athènes, de Rome, ou de quelque République antique, la pré-

Tome III. K

vention s'évanouit. Cependant en général on exige, dans la Tragédie, des Princes & des Rois, comme si ces personnages imposans & fastueux étoient les seuls dont les infortunes eussent le droit de faire couler des larmes. Subjugués par ce préjugé, les *Dramographes* ont cherché un titre intermédiaire, & le mot *Drame* a paru remplir leur objet. Peu à peu cette dénomination a fait oublier l'appellation ridicule de comique larmoyant. J'ai cru m'appercevoir que peu d'Ecrivains avoient évité l'écueil principal où ce genre-là peut échouer ; c'est le ton romanesque. La Jeunesse prend aisément le goût de ces Pieces de théatre, parce qu'elle a naturellement celui des Romans, dont il est né ; elle ajoute au lieu de diminuer. Beaucoup de ces Pieces m'ont paru écrites avec une enflure qui précipite encore l'Acteur dans la déclamation ; &, par contrecoup, celui-ci s'est si bien pétri d'emphase, que les Auteurs, à leur tour, empruntent de lui ce ton guindé. Le genre de Drame, bon en lui-même, mais défiguré par cette habitude, devra l'*obstruction* de ses progrès, & peut-être sa chute absolue, à cette illusion & à cette erreur. Les femmes qui ont écrit des Drames, ont mieux réussi que les hommes. Je crois qu'il faut attribuer cette supériorité à la délicatesse & à la vivacité de leurs sentimens ; elles leur ont fourni des moyens, sans avoir recours aux faits patibulaires, qui font une sensation dégoûtante & ignoble dans la peinture de la vie privée.

Telles sont les assertions qu'ose hasarder un Etranger sur l'état actuel de la Scène Française, quant aux compositions modernes. En marquant les défauts généraux qui m'ont frappé, je ne prétends pas soutenir qu'il n'y ait point d'exception.

Aux causes que l'on a pu entrevoir de la médiocrité des Acteurs, & qui sont occasionnées par les défauts des compositions, il s'en joint une autre, & elle est peut-être un mal inévitable. J'ai vu quelques essais de la pétulance du Public, & je ne sais si l'espece de considération où le maintient la garde extérieure de la Comédie, si le frein que son aspect impose aux caprices, aux cabales, à la légéreté de la multitude, ne sont pas indispensables. Quoi qu'il en soit, il en résulte un mal nécessaire, c'est l'impunité des Acteurs, qui donne lieu à leur suffisance & à leur paresse. La crainte salutaire des sifflets entretiendroit leur vigilance & leur soumission; & l'on ne seroit pas exposé à revoir sans cesse la répétition continuelle des mêmes choses, jouées par des Histrions dont la fatuité croit gratifier les Spectateurs, lorsque les Coryphées de la Troupe se donnent la peine d'y paroître; mais l'impétuosité Française porteroit, ou je me trompe fort, la licence & le tumulte à un point où ils ne vont pas à Londres même : la concurrence des théatres, le hasard des génies que la Nature n'accorde pas tous les jours; voilà les contre-poids qui peuvent seuls arrêter l'honneur de la Thalie & de la Melpomene Parisiennes sur la ligne de leur déclin, qu'elles me paroissent parcourir avec rapidité.

L'état d'imperfection & de décadence de la Scène vraiment nationale, chez un Peuple qui aime avec passion les amusemens dramatiques, fait déserter les Spectateurs, & les précipite vers d'autres Scènes d'un genre bien moins précieux & bien moins raisonnable. Rien ne parlant plus au cœur ni à l'esprit dans un Spectacle, qui n'eut d'autre destination que d'y porter une émotion avouée par la raison, on se rejette sur ceux dont le partage & le but sont de distraire les sens. Voilà comme, à côté des Comédiens Français, l'Opéra se soutient, & comment le Théatre des Italiens fait fortune!

J'ai parlé amplement de l'Opéra. Voici comme mes yeux, étrangers à la vérité, ont envisagé la Comédie Italienne. J'implore toujours la même indulgence pour les préjugés que j'ai pu y apporter; personne n'en est exempt, encore un coup; &, d'après la maxime que j'ai établie plus haut, ce 'n'est jamais qu'une opinion que je prétends hasarder. Grace donc, Messieurs les Amateurs, encore une fois, grace ! L'Opéra comique, cette colonne du Théatre appelé *Italien*, n'est au dessus de la farce que par le secours de la Musique : le charme de cet Art est très-vif & très-pressant, mais il est fatigant à proportion : oisiveté & engoûment à part, quel est l'être qui pourroit soutenir de suite vingt Opéra bouffons ? Cela me paroît aussi impraticable que d'affronter le roulis d'une Ariette qui dureroit deux heures.

Le néant de bien des êtres fait qu'ils se réfugient où ils peuvent, pour charmer leur inutilité, sans compter que les dispositions du cœur & la frivolité de quantité d'autres s'arrangent mieux des gentillesses qui sont chantées, que du tableau des mœurs, où il n'y a rien de flatteur à voir pour eux. Au reste, les Acteurs y ont un jeu vif & gai, & généralement assez de vérité ; le chant m'y a paru encore bien imparfait. C'est si fort un charme secondaire pour le Spectateur, que j'y ai vu accueillir des voix rauques & fausses, pourvu que la figure de l'Acteur fût avantageuse & son jeu supportable ; preuve qu'on se sauve où l'on peut, & qu'on est devenu facile en fait de plaisirs, par le défaut du mieux.

Le Public se dérobe encore à l'ennui qui le poursuit, en raison de l'activité naturelle des individus qui le forment, en courant chez Audinot ; école très-mauvaise pour le Théatre ! Il ne s'est pas encore formé un Comédien parmi tous les petits automates qui y ont succédé à de grandes marionnettes ; &, ce qui est bien pis, c'est un lieu de prostitution précoce, dont les anecdotes font frémir tout homme un peu raisonnable & ami de l'ordre. Cet abus peut être corrigé ; & à la vérité il n'a rien de commun avec la nature de ce petit Spectacle ; mais je n'ai pu gagner sur moi d'omettre cette réflexion.

De chez le sieur Audinot, il n'y a qu'un pas chez les Farceurs. Ordinairement on y tombe par bricole, quand tout est plein chez le premier. J'ai vu bien des mortels que le besoin de rire entraînoit à ces tretaux toujours grossiers & souvent indécens. Depuis que cette espece de convulsion, nécessaire à la circulation du sang de quelques individus, n'a plus lieu auprès des successeurs de Moliere, on cherche à se la procurer où & comme on peut.

Que de guerres ! Quels traits de critique ne m'attireront pas le tour & la singularité de ces réflexions, malgré toute la modestie que j'ai tâché d'y mettre ! C'est un Anglais, diront les plus modérés ; il n'a pas le sens commun ! & ceux qui pourroient penser comme moi, & qui auroient le malheur d'avoir vu de même, n'oseront prendre ma défense. Le seul remede à cela, c'est de me tenir pour battu, & de subir mon sort.

CHAPITRE VII.

Eloquence. Le spectacle des Loix & du Barreau.

L'AGRÉABLE & judicieux Français avec qui j'avois eu le bonheur de me lier assez étroitement, avoit autant d'avidité de bien connoître l'Angleterre, que j'en avois de m'instruire par la pratique, & de me rendre familier tout ce qui concernoit sa Patrie. Des obstacles multipliés l'avoient empêché jusqu'alors de franchir les mers qui nous séparent. En attendant le moment favorable, il donnoit réguliérement, chaque jour, quelques heures à l'étude de la Langue Anglaise. En général le Français dédaigne assez tout autre langage que le sien : il y a trente ans qu'un homme un peu familiarisé avec deux ou trois idiomes étrangers, auroit été un phénomene parmi eux ; le nôtre y acquiert tous les jours. Le Comte de *** ne s'étoit point contenté de l'étudier assez pour entendre nos livres; il travailloit encore à surmonter la difficulté que ses compatriotes trouvent presque tous à le prononcer ; & tous les matins il venoit s'entretenir avec Bouillac & moi, une heure ou deux, pour se rompre & s'habituer à nos articulations & à notre accent.

Lorsque le Comte trouvoit chez moi nos Papiers publics, il vouloit être notre Lecteur ; jamais il ne témoignoit plus de satisfaction que quand je n'épargnois pas les réprimandes sur le petit nombre de fautes qui lui échappoient. M. de *** étoit devenu l'Admirateur passionné de l'éloquence simple & vigoureuse de quelques Membres de notre Sénat. La force, la clarté, la majesté des discours du Lord Chatam ; l'adresse & la facilité de ceux du Colonel Barray & de M. Edmont Burke ; la noblesse & la fermeté des réponses que Milord North fait aux attaques du parti qui lui est opposé par système, lui plaisoient également. — Nous n'avons point d'éloquence en France, me difoit-il quelquefois ; nous ne connoiſſons qu'une rhétorique vaine & artificielle, que nous avons bien raiſon de définir l'*art de parler*. Vous, Milord, vous feuls poſſédez l'art de perſuader & de convaincre : il ſemble que nos ames ſoient trop foibles pour admettre ces impreſſions fortes & impérieuſes qui les ſubjugueroient : par les habitudes que leur ont fait contracter notre ordre politique & nos uſages moraux ; il faut s'inſinuer, plaire ou éblouir. Ainſi nos Orateurs en ſont réduits ou aux adreſſes ou au clinquant. — Je crois, lui répliquai-je, pouvoir, ſans une partialité bien grande, recevoir cet éloge pour quelques-uns de mes éloquens Compatriotes ; mais cette diſette d'Orateurs véritables que vous trouvez chez vous, eſt aſſurément le fruit des circonſtances, bien plus que l'ouvrage de la Nature. Ceux que vous admirez avec raiſon, uniſſent à des talens naturels, très-rares & très-grands, l'avantage de pouvoir traiter, avec toute liberté, des ſujets d'une importance majeure & générale. Leur poſition leur donne la plus riche & la plus intéreſſante des matieres, puiſqu'ils ſont les défenſeurs de l'intérêt de tous & de celui de chacun, & qu'aucune entrave ne s'oppoſe au développement de leurs vaſtes & graves objets. Tous ces moyens-là & l'occaſion de les employer, ſont ravis parmi vous à ceux que leur état met dans le cas de parler en public : vous n'avez pas notre genre d'éloquence, parce que vous ne pouvez pas l'avoir ; mais votre capacité, & cette belle & claire unité, ce coulant, cette marche naturelle de votre Langue vous donneroient des Orateurs au moins égaux aux nôtres, dans des circonſtances égales.

Pour que Milord puiſſe jouir du plaiſir de connoître & d'obſerver par lui-même notre genre d'éloquence, il faut qu'il aille dans nos Temples, & qu'il fréquente le Palais.

Le Comte, Bouillac & moi fûmes aſſidus à ſuivre quelques plaidoyers relatifs à des affaires qui faiſoient alors beaucoup

beaucoup de bruit : ils étoient faits & prononcés par les plus célebres Avocats; & je suis forcé par la vérité, de dire que je ne les admirai que très-foiblement.

Le premier que j'entendis, plaidoit contre la validité d'un codicille qui démentoit & révoquoit une testament antérieur. Le fond de sa cause étoit mauvais, en ce que la lettre de la Loi rejetoit tous ces moyens ; il n'en accumula que de foibles & languissans, qu'il exposa avec une prolixité désolante. Je trouvai sa diffusion souverainement mal adroite ; il traîna ses redites pendant trois ou quatre matinées : on auroit dit qu'il avoit fait vœu de remporter la victoire à force de longueur & d'ennui ; déchu sans doute par l'espoir d'effrayer les Juges à la vue d'une multitude intarissable de motifs qui pouvoient changer le cas juridique, il substituoit l'enflure à l'abondance ; &, trop occupé de ce soin perfide, il ne s'appercevoit pas qu'il endormoit au lieu de convaincre ; sa verbeuse éloquence me parut on ne peut pas plus propre à produire cet effet, accompagnée, comme elle l'étoit, d'une prononciation lourde & monotone. Sa chute uniforme & fourde avoit, pour aſſoupir, la même aptitude que le bruit répété & mourant d'une caſcade ou d'une machine qui d'abord écarte le ſommeil, & le rend enſuite plus profond en l'entretenant par des coups alternatifs.

Un jeune homme, antagoniſte du premier, montra les plus heureuſes diſpoſitions; clarté, netteté, chaleur bien placée, correction, bel organe. Le mouvement qu'il excita dans l'aſſemblée, me convainquit que la réunion de tant de talens divers y offroient une nouveauté; il fut précis & lumineux, court, ſerré, & plein de nerf. Le ſujet n'étoit point ſuſceptible de véhémence; auſſi n'en fit-il point parade mal à propos: il diſcuta, parce qu'il n'y avoit qu'à diſcuter. L'applaudiſſement fut général, & ſon triomphe complet.

Avant de ſortir du Palais, nous entendimes parler d'une cause qui devoit être agitée avec éclat, & courue avec chaleur, pendant les jours suivans, au Tribunal de premiere instance de la Capitale. Un Patriote devoit entrer en lice, & répondre aux récriminations d'une Société d'Entrepreneurs, regardés par le Public comme des monopoleurs odieux. L'accusé étoit un homme célebre par des Ecrits, dont le motif seul & le but étoient faits pour le rendre estimable : quelques erreurs & quelques méprises qui aient pu s'y glisser, il avoit toujours parlé pour le bien public ; il n'avoit pas craint de lancer le trait de la censure le plus amere sur ceux qu'il croyoit y former obstacle. Ces derniers avoient vivement ressenti le coup, & croyoient les circonstances favorables pour le repousser. L'Ecrivain patriotique devoit défendre lui-même sa cause ; & ses adversaires avoient trouvé, pour leur argent, à s'appuyer de l'organe d'un Orateur qui retint long-temps entre ses mains triomphantes la palme de l'éloquence du Barreau.

Le Public se porta avec avidité à l'arene où les deux champions devoient combattre ; & ayant pris la précaution de nous y rendre de bonne heure, nous fûmes très-bien placés.

Cette espece de murmure qui fait sentir l'impatience & le mécontentement des Auditeurs, se fit entendre dès les premieres périodes du moderne Cicéron. En vain il s'efforçoit de donner une étendue & une enflure extraordinaires aux sons argentins du larynx le plus sonore ; en vain il fatiguoit l'air par l'éclat de ses périodes ; chaque effort de voix s'étouffoit & s'abîmoit dans la basse que lui formoit un *brouha* étouffé, qui, sans le respect dû aux lieux & aux circonstances, se seroit converti en sifflets aigus. Jamais je n'ai rien vu de plus triste ni de plus lourd que le peu qu'il m'a été possible de saisir de son discours, à travers cette confusion.

Un discours désordonné & rempli de déclamations où le Technique du Palais répandoit une barbarie qui n'étoit sauvée par aucun agrément ; un air de suffisance & de triomphe anticipé, d'autant plus hors de saison, que celui du bureau n'étoit ni pour lui ni pour ses cliens : voilà tout ce qui me frappa dans cet Aigle du Palais, & j'entendois autour de moi mille échos de ma façon de penser.

Quand il eut clos son ennuyeuse inculpation, le Défenseur parla à son tour. Un battement de mains universel, plus fort que tous les *paix-là* étouffés des Huissiers, se fit entendre avant même qu'il eût parlé. Il le fit avec une tranquillité, une modération, une solidité dignes d'une bonne cause & d'une meilleure issue, que le triomphe négatif qu'il obtint sur les cabales & les largesses de ses adversaires. Néanmoins, si l'approbation publique est une récompense qui suffise au cœur d'un bon Citoyen, il dut être aussi content de l'Assemblée que je le fus de lui.

Nous sortîmes, & bientôt nous eûmes gagné le Palais-Royal, où après avoir raisonné avec bien des personnes que nous rencontrâmes, sur cette cause qui faisoit l'événement du jour, Bouillac me dit : Milord, voilà notre éloquence, quand il s'agit de nos fortunes; vous n'avez plus rien à connoître ici que celle qui regarde notre salut. Raisonnons un peu sur la premiere. A Rome, le noble & brillant emploi de défendre ses concitoyens des traits de l'oppression & des ruses de la fraude, étoit l'épreuve & la premiere école par où passoient les hommes destinés à être un jour les Peres de la Patrie ; ici, c'est le partage de tout pauvre diable qui a de quoi faire son droit, & qui, faute de pouvoir financer pour une charge, se voit réduit à vivre au Palais, des sottises d'autrui. Vous avez dû sentir aussi qu'aucun de ces Messieurs n'a fait des efforts de génie ; tout cela se fait pour de l'argent. Il en résulte d'abord, qu'un mortel, à qui sa *faconde* a donné quelque vogue, n'est pas fort délicat sur le choix des causes qu'il a à défendre, & que la mieux payée paroît toujours la meilleure : jugement d'autant plus sensé, que celui de l'Aréopage se décide quelquefois sur le même principe. Moyennant ce petit mot de commentaire, vous ne vous étonnerez plus sans doute qu'un homme en réputation se soit porté pour l'Apôtre des vilaines gens pour qui vient de pérorer ce bruyant Avocat. Eh bien, il n'en perdra ni une once de célébrité, ni un pouce d'impudence. La véritable, la bonne éloquence que tous ces Messieurs prisent bien moins que leurs honoraires, est bien fille de l'esprit ; mais elle tient un de ses caracteres du cœur, & n'a jamais toute sa force & son énergie, si elle ne part de conviction & n'est soutenue par une vérité bien sentie. Voilà ce qu'on ne voit jamais parmi les Procureurs, espece d'animaux subalternes au Palais, & rarement parmi les Avocats, qui marchent autant qu'ils peuvent à la fortune sur leurs traces.

CHAPITRE VIII.

Prédicateurs célebres. Comparaison de ceux-ci aux Prédicateurs Anglais.

Bouillac & le Comte se rendirent chez moi un matin : nous partîmes aussi-tôt pour aller entendre, dans une des principales Basiliques, un Orateur dont l'éloquence mettoit en mouvement toutes les dévotes de Paris. Le thermometre de la vogue des Orateurs sacrés est le prix des chaises dans les Temples : celui-ci, quoiqu'il prêchât dans un des plus immenses vaisseaux de la Capitale, les avoit fait monter presque au niveau des billets d'entrée des Spectacles. Je serois fâché qu'on s'imaginât qu'un esprit de raillerie m'ait porté à saisir cette comparaison ; je suis bien aise cependant de l'avoir rencontrée en passant, parce qu'elle me donne lieu de placer une réflexion ; c'est qu'à Paris on ne va nulle part par choix ni par inclination ; on est au contraire entraîné par-tout par la vogue & par la foule.

Quoi qu'il en soit, je n'eus pas lieu de me repentir de m'être laissé aller au torrent ce jour-là. Après que nous fûmes assis à peu près vers le centre de plusieurs files de chaises occupées par des respectables matrones, dont chacune étoit munie d'une vaste poche de velours cramoisi, chamarrée & bordée de glands d'or, emblème à la fois du faste & de la devotion, nous vîmes monter dans la Chaire un homme d'une figure majestueuse & vénérable ; ses traits nobles & fortement dessinés rappeloient ces belles têtes d'Apôtres, imaginées dans les compositions sacrées de Rubens & de Raphaël. Tout son air annonçoit le recueillement & la pénitence : une énorme calotte emboîtoit tout le sommet de sa tête, & contenoit des cheveux blancs qui tomboient sans art beaucoup au dessous de ses oreilles. Bouillac & moi, après l'avoir envisagé avec attention, nous reconnûmes l'ex-Jésuite de la diligence, où l'accident de ma voiture nous avoit contraints à monter, presque au sortir de Péronne. Ce souvenir me disposa à l'écouter avec un nouvel intérêt.

Il commença, &, d'une voix noble & assurée, il prononça un exorde digne du caractere auguste de son ministere. J'avoue que j'aurois voulu tenir tous nos Prédicans d'Angleterre, afin qu'ils prissent leçon. Je ne tardai point cependant à m'appercevoir que le bon Pere n'inspiroit pas à tous ses Auditeurs la même satisfaction. Je demande pardon, encore une fois, de la liberté que j'ai prise de comparer le prix des chaises à des billets de Comédie ; mais je ne puis m'empêcher d'ajouter que je vis alors un autre trait de conformité entre les Sermons & le Théatre. On faisoit cabale dans la nef ; d'un côté, des Abbés à prétention parodioient malignement les passages du discours qu'ils pouvoient saisir à la volée. Quel style ! disoit l'un ; quelle capucinade ! répliquoit un autre. Plus loin, un groupe d'Auditeurs, parmi lesquels je reconnus encore mon

Procureur du coche, répétoit en grondant : Au blasphême ! à l'hérésie ! On crachoit, on toussoit, on se mouchoit ; en un mot, c'étoit l'image d'un parterre en rumeur, qui s'est fait une affaire de siffler un Débutant.

Parmi ce tumulte indécent, je saisis ce que je pus du discours du Prédicateur ; son débit me parut beaucoup au dessus de son élocution ; c'est ce que je dis à mes deux compagnons en sortant ; ce fut aussi leur sentiment. Milord, dit alors Bouillac, la carriere de la Chaire offre ici plusieurs sentiers : on s'y jette souvent par intérêt, quelquefois par vanité ; l'ambition fait aussi des Apôtres ; pour d'autres, c'est un gagne-pain assez pénible & borné. Le fanatisme en inspire bien aussi quelques-uns ; & il n'est pas difficile, en observant bien, de remarquer dans les discours de ceux qui s'adonnent au ministere de l'Evangile, la teinte des motifs qui les font monter en Chaire. Celui-ci y court après une pension sur une Abbaye, ou même après une Abbaye toute entiere ;

aussi n'entreprend-il que les Sermons d'appareil & les Panégyriques les plus courus ; il guette les Oraisons funebres, & brigue l'avantage de faire fumer l'encens de la flatterie & du mensonge dans la Chaire de vérité, pourvu que le mort ait été puissant, & que les parens puissent témoigner leur gratitude en lui procurant une nomination. Un autre se fait une planche de son brillant apostolat, pour arriver au paradis des Beaux-esprits, à l'inaccessible Académie des Quarante. Il est étudié & fleuri ; il affecte la pureté, l'élégance, ces deux attributs essentiels des Aspirans au fauteuil. Des sempiternelles qui, sur le retour de l'âge, remplacent l'Opéra par les Sermons, s'intriguent & lui procurent le profane laurier, en échange de la couronne éternelle qu'il leur promet tous les jours. Un troisieme assaillit infatigablement toutes les Chaires de la Ville & de la Cour, & force, par ses travaux, tous les obstacles qui sont entre une mître & lui ; parvenu là, Monseigneur se repose, & se met peu

en

en peine de pratiquer la morale qu'il prêchoit auparavant. Ceux-ci briguent les stations éclatantes, par esprit de parti. Là, c'est un Janséniste mitigé & déguisé, que les restes de la secte prônent & opposent à l'ex-Jésuite qui fait courir tous les Molinistes au Temple d'à côté. Avec un peu d'habitude, on connoît tous ces gens à leur style & à leur physionomie : le Public, accoutumé à les entendre, en sort presque toujours comme il y est entré ; & l'Orateur, satisfait d'avoir eu foule, va s'essuyer & faire la collation, sans s'embarrasser beaucoup des conversions qu'il a faites.

Ce commentaire me donnoit la clef des murmures que j'avois entendus autour de moi. Je compris que le Jésuite devoit déplaire aux Abbés, parce que ceux-ci étoient du métier, & que la jalousie s'en méloit. Depuis peu d'années, ceux de cette robe se sont si bien emparés des Chaires d'éclat, que ceux qui prêchent pour la Mître ou pour l'Académie, ne savent plus où se signaler. Quant au groupe des Janfénistes, ils étoient réellement venus là pour siffler & lancer l'anathême. J'avois deviné son intention, avant les réflexions de Bouillac. J'entendis, les uns après les autres, tous les Prédicateurs de la Capitale qui faisoient quelque bruit, & qui enrichissoient l'entrepreneur des chaises dans les Temples les plus fréquentés. J'en vis peu à qui je ne pusse appliquer quelques-uns des traits que Bouillac avoit distingués ; &, tout en rendant justice aux talens de quelques-uns, je sentis que leur éloquence étoit artificielle & n'alloit point à son objet. Si cependant on les compare à nos lourds & monotones Prédicans, l'impartialité, dont j'ai fait vœu, me force à dire que dans les Sermons Français il y a de l'esprit, du style, du mouvement, de l'ordre, de l'harmonie ; & je ne trouve rien dans ceux de nos Ministres qu'une assommante & lugubre pédanterie : peut-être sont-ils un peu moins profanes ; mais pour cela faut-il qu'ils soient plats & insupportables ?

Considérons, dis-je au Comte & à Bouillac, cet Art de la Chaire, si peu atteint & si peu saisi sous le point de vue de sa véritable fin, par ses rapports à la Société. L'ordre social ne peut guere se soutenir, si l'ordre moral n'est soigneusement maintenu ; & je crois que, sans un respect sincere pour le culte religieux, les mœurs du grand nombre doivent bientôt se perdre. Ceux qui prêchent dans nos Eglises & dans nos Temples sont chargés de maintenir ce respect, qui est, aux yeux de tout homme qui raisonne, le fondement & le préservatif des mœurs, &, par contre-coup, l'un des arcs-boutans de la Société politique & civile. Voilà le rapport que j'établis entre les Orateurs de la Religion, & le Public qu'ils sont chargés d'instruire & de toucher. Il est vraisemblable que nous en aurions d'excellens, s'ils se pénétroient de ce caractere essentiel de leur ministere, & s'ils dirigeoient leurs efforts, s'ils employoient leurs talens d'une maniere qui y répondît. La noblesse d'un pareil motif prenant la place des intérêts de l'ambition, de ceux de la vanité, des petitesses & des préoccupations que nourrit l'esprit de parti, leurs fonctions deviennent plus sublimes que celles des Démosthenes, des Cicérons & des autres Orateurs anciens, & leur éloquence pourroit l'être aussi. — Pour cela, dit Bouillac, il faudroit qu'ils substituassent la saine Philosophie aux passions qui les font mouvoir, & la soif du bien public aux illusions de leurs divers fanatismes. — Un moment, s'il vous plait, reprit le Comte; j'ai vu dans quelques-uns un fanatisme utile, auquel il faut bien se donner de garde de rien ôter de sa force & de son activité. Il me semble, Messieurs, que vous supposez que tous ceux qui parlent en public ne s'expriment que pour des Sages & des Gens de goût : songez donc que ceux-là font le petit nombre, & qu'à leur égard les Sermons font inutiles & superflus.

Milord, en parlant de la perte des mœurs, s'est expliqué; il a dit celles du grand nombre. Je vais vous parler d'un Orateur Chrétien que j'ai vu en Province, & qui m'a paru à peu près tel qu'il le falloit à cette classe-là. Il y avoit dans son fait toute l'apparence d'un fanatisme ardent, mais utile. Les incrédules pourront y soupçonner de l'adresse ; mais, dans un homme sans ambition, sans ruse, & sans aucun mobile apparent qui fût étranger au zele de son ministere, il n'est pas naturel ni raisonnable de le supposer.

Je passois par Lyon il y a quelques années ; des affaires domestiques m'obligerent à y faire quelque séjour. Vous savez, Milord, que cette ville est la premiere du Royaume, après Paris, par sa population, par son opulence, par son étendue, & par son faste & son luxe. Dans une vaste cité comme celle-là, le zele apostolique doit trouver matiere à s'exercer ; & nombre de personnes doivent avoir besoin d'un peu de conversion. Un homme étonnant & singulier y faisoit alors des impressions extraordinaires sur tous les esprits. Le Peuple d'abord avoit commencé à le suivre ; bientôt les Citoyens de tous les rangs se rendirent en foule à ses discours. La curiosité les y conduisoit ; ils l'écoutoient, émus & pénétrés ; ils sortoient remplis de crainte & de terreur ; & chaque jour voyoit éclore des fruits des travaux du Pere. Le bruit de sa renommée m'entraîna bientôt à la Cathédrale de Lyon, où il prêchoit tous les matins. Quoique ma conversion fût un peu plus difficile que celle de la plupart de ses autres Auditeurs, poursuivit en riant le Comte, je ne pus m'empêcher de donner l'approbation la plus sincere à l'éloquence pathétique & naturelle du Missionnaire. A une figure véritablement vénérable, il joignoit les inflexions variées d'une voix tour à tour touchante & terrible, une action vive & animée : tout en lui enchaînoit l'attention, & annonçoit cette candeur & cette conviction personnelle, le premier & le plus essentiel des points requis pour pouvoir persuader les autres. Si ce personnage singulier avoit mis plus d'étude & de correction dans fes difcours ; s'il avoit eu l'art de retenir les faillies impétueufes & irrégulieres d'une imagination qui chargeoit quelquefois fes exhortations, au point de révolter l'homme raifonnable, par l'intervention d'un fatras qui lui donnoit l'air un peu fanatique, je penfe qu'il eût été l'Orateur de tout le monde. — Il me femble, reprit Bouillac, avoir connu auffi cet Orateur populaire & énergique : ce que vous dites, M. le Comte, eft vrai, à la lettre, de cet homme dans quelques-uns de fes momens : dans d'autres, fa charlatanerie myftique, & fes tours de force apoftoliques, fi l'on veut me permettre l'expreffion, alloient jufqu'à révolter. Il connoiffoit même des adreffes d'autant plus condamnables, que rien n'eft plus criminel & ne peut être plus dangereux par fes conféquences, que de mêler l'impofture à la vérité, & de vouloir foutenir cette derniere par des artifices & des fubtilités : l'illufion une fois détruite, la vérité devient à la fois suspecte, odieuse & ridicule. Si vous daignez m'écouter, je vous rapporterai un trait, dans ce genre, du bon Pere B*** qui fit quelque éclat dans la même ville où vous l'entendîtes.

Un Négociant avoit une somme considérable à payer à un de ses créanciers ; muni des especes qu'il devoit lui compter, il s'arrêta chez un voisin avant de se rendre à l'endroit où il devoit solder avec son homme. Le maître du logis où il se trouvoit, lui demanda s'il n'avoit point encore été entendre le Pere B*** ? Non, lui dit le premier ; mais il y a quelques jours que j'éprouve un peu de curiosité à cet égard. Eh bien ! lui repartit l'autre, satisfaites-la aujourd'hui, & venez y avec moi ; c'est pour la derniere fois qu'il doit prêcher à Lyon. Le premier objecta la nécessité où il étoit d'aller faire son paiement, & l'embarras d'aller déposer la somme dont il étoit chargé. Le son des cloches annonçoit néanmoins que l'Apôtre du jour ne tarderoit point à commencer ; il n'y avoit pas une minute à perdre. Eh ! mon voisin, dit l'un des Bourgeois à son frere, laissez votre argent chez moi, je vais le mettre en sûreté. Courons vîte, c'est l'affaire d'une heure ou deux ; nous reviendrons ensuite, & vous reprendrez votre sac. L'autre accepta ce parti. Au retour, le Lyonnois, dépositaire de l'argent, fit l'étonné quand l'autre le réclama ; & pour ce dernier, le fruit triste & inattendu de la prédication fut de se voir escamoter sa bourse, & d'être à la veille de manquer à ses engagemens par la malice d'un pécheur sans doute bien endurci, puisqu'au Sermon du plus grand Convertisseur qui eût paru dans ce canton, il avoit eu la noirceur de tramer une aussi horrible iniquité ! Qu'on juge de sa consternation & de son embarras ! Après quelques éclats que le sang froid du larron rendit inutiles & superflus, la pauvre dupe se mit à faire des réflexions ameres, & à ruminer sur le parti qu'il avoit à prendre. Il s'arrête à l'idée d'aller trouver l'homme de Dieu, & de lui reprocher avec amertume le prix excessif que lui coutoit son empressement déplacé à aller écouter sa pathétique homélie. Il l'exécute. B*** prenant un ton pathétique, lui promet, comme par inspiration, la restitution de son magot dans les vingt-quatre heures. A peine eut-il donné cette assurance au pauvre Marchand, qu'endossant son manteau & enfonçant son castor, il se rend chez le dépositaire infidele. Là, il épuise tous les lieux communs, tous les moyens de sa sainte éloquence, pour attendrir & pour effrayer un homme pervers ; il menace le renégat, du Diable & de toute sa suite. Celui-ci, avec le front d'un vieux réprouvé, jure qu'il n'a pas une seule obole à son accusateur, & que, dût-il voir tous les bataillons infernaux avec leurs griffes & leurs cornes, il ne lui rendroit pas le sou. Le Missionnaire tonne de nouveau, pleure, supplie, menace. Le voisin reçoit ce nouvel orage en véritable esprit fort. Malheureux, lui dit alors le pauvre Prêcheur presque déconcerté, tremble ! la colere du Ciel est prête à éclater. Je te donne cette journée pour te repentir, & je t'annonce, de sa part, le châtiment le plus terrible, si demain tu ne répares ton crime!

Après ces dernieres paroles, B*** se hâte de sortir, les yeux enflammés d'indignation, tandis que le corsaire affecte de rire du zele impertinent de l'Apôtre éconduit. Le lendemain, à la même heure, le bon Pere reparoît. Il demande avec douceur un moment d'entretien au Marchand. La longanimité & la bienveillance de son début, dans sa seconde visite, promettent qu'il vient faire des excuses de la scène indiscrette de la veille. Le filou se hâte de l'introduire dans son cabinet. A peine furent-ils seuls, que le Missionnaire recommença ses remontrances avec le même zele que le jour précédent. Le Marchand irrité prend un ton propre à lui faire sentir que ces importunités lui déplaisent, & qu'il est temps de faire cesser ses indiscrétions apostoliques.

Misérable ! repart B*** en s'animant & lui préfentant un Crucifix qu'il tire de fa foutane, fixe ton Dieu, & pour-fuis, fi tu l'ofes, ton infame menfonge en face de fon image ! Le malheureux, pour fe débarraffer du Convertiffeur importun, colle fes regards fur la fainte effigie, & puis, avec l'impudence de l'athée le plus déterminé : Eh bien ! je le regarde, dit-il, & je ne vois rien, finon que vous êtes un vieux fou, bien hardi de venir me demander un argent que vous avez l'effronterie de fuppofer entre mes mains. Les derniers mots de cette phrafe étoient à peine fortis de fa bouche, que des larmes de fang coulent en abondance des deux yeux de l'image myftérieufe que B*** continuoit à lui préfenter. Le pervers Bourgeois pâlit, chancelle & tombe fur fes genoux, en criant mille fois *miféricorde !* Malheureux, dit alors le Prédicateur d'une voix de tonnerre, rends ton larcin, ou tu es damné ! Le voleur tremblant fe traîne vers un bureau, en tire le fac qu'il remet à l'Apôtre ; & celui-ci,

fans

sans perdre de temps, sort avec sa proie sous son manteau.

Vous sentez bien, Messieurs, que le pauvre Marchand, en voyant reparoître ses especes, ne fut pas le dernier à crier au miracle; & ce prodige en seroit encore un aujourd'hui pour la multitude crédule, qui apprit alors le fait, sans l'indiscrétion d'un Mécanicien, auteur de la merveille, & que le bon Apôtre avoit chargé de préparer le prodige pendant l'intervalle de sa premiere visite à celle du jour suivant.

Je crois, ajouta Bouillac, que le dépositaire, revenu de sa peur, a dû maudire cent fois sa crédulité, & se promettre bien fermement de ne plus rendre d'argent escamoté, sur de pareils miracles, dût-il voir opérer tous ceux qui sont rapportés dans la Légende. Cette réflexion, sur un fait avéré & authentique, m'a convaincu du danger moral de cette espece de charlatan; & je ne sais, M. le Comte, si toutes ces conversions passageres, fruit mort-né des terreurs d'une imagination frappée, ne contribuent pas plus à jeter des ridicules sur ceux qui les font, quand le sang froid est revenu, qu'à rendre les hommes meilleurs.

Bouillac nous égaya encore par le récit de quelques-unes des adresses du bon Pere B***, & par celui d'une multitude de traits dignes du pinceau de Calot, dont son imagination féconde s'étoit avisée, pour répandre parmi ses Auditeurs ces terreurs paniques, au moyen desquelles il réveilloit plus les frayeurs de la superstition, qu'il n'inspiroit l'amour des vertus.

Il résultoit de nos entretiens & des Sermons que nous entendîmes, que les trois quarts étoient fort inutiles, & quelques-uns des autres assez dangereux. Voilà pour l'essentiel & le fond. Mais il n'en est pas moins vrai que les Ecclésiastiques Français, quoiqu'en général ils soient moins instruits que les nôtres, ont parmi eux des sujets distingués par des talens extérieurs & éclatans, dont il n'y a guere d'exemple en Angleterre. La raison simple & naturelle de cette différence, c'est que l'émulation y est moindre, parce que les espérances y sont plus foibles, & les objets de l'ambition moins multipliés.

CHAPITRE IX.

Etat actuel des autres Arts libéraux; Sculpture, Peinture, Architecture; Retour sur la Musique; digression sur les Poëtes.

Après avoir observé les mœurs d'un Peuple, rien ne doit autant intéresser la curiosité d'un Voyageur Philosophe, que l'état des Sciences qu'il cultive, & celui des Arts libéraux. Ce n'est qu'au sein des prospérités des Nations qu'ils prennent tout leur essor, & qu'ils fleurissent avec éclat. A mesure qu'un Corps politique perd de sa prééminence, l'appauvrissement du Souverain prescrit des limites à sa magnificence, & il ne laisse plus aux Artistes de ressource que dans ce luxe immodéré des particuliers, qui énerve, détruit le goût, & le rétrécit avec les objets sur lesquels les Arts peuvent s'exercer. Aux monumens immortels & superbes, succedent, dans chaque genre, les colifichets, fruit de la fantaisie des riches; & les talens deviennent petits, comme les Ouvrages qu'ils ont occasion de produire. Ce période des Arts est très-remarquable en France.

En parcourant les atteliers de tous les Peintres qui jouissent à Paris de quelque renommée, on s'apperçoit aisément que leurs pinceaux sont plus accoutumés à embellir des boudoirs & à faire des jolies images pour des petites-maisons, que de retracer les actions des Héros sur les voûtes & sur les lambris des palais. Il y a dans l'Art même une dégénération sensible; mais il ne faut pas toujours s'en prendre aux Artistes. Mon dessein n'est point de faire la relation de mes courses pittoresques dans tous les coins de la Capitale que j'ai soigneusement visités, ni la liste de tous les chef-d'œuvres qu'ont rassemblés la magificence des Souverains ou le luxe des Particuliers. Il est certain que les Cabinets qu'on peut voir à Paris, contiennent une multitude de morceaux précieux de toutes les Ecoles célebres : celle de France m'a paru la moins perfectionnée dans toutes les parties de l'Art de peindre. Cet Art n'a point laissé cependant d'y avoir une époque bien plus florissante que celle où il y est aujourd'hui. J'ai trouvé, au contraire, qu'il y étoit dans l'état de la décadence la plus rapide & la plus marquée, & ce qui, au premier coup-d'œil, surprendra sans doute, c'est que la Sculpture, qui paroîtroit devoir naturellement marcher d'un pas égal & tenir la même route, loin de tendre vers son déclin, s'y soutient au contraire & même s'y éleve encore.

Je sais que les Français ont beaucoup d'une espece d'amour-propre national, délicat & chatouilleux. Jamais Peuple n'a montré moins de patriotisme, ni de cet orgueil qui est fondé sur la force &

l'existence politique. Ce sentiment énergique est remplacé par une opinion excessive de soi-même pour tous les talens qu'on s'imagine y avoir reçus de la Nature avec bien plus de profusion que les autres Peuples, & y avoir cultivés avec un goût inconnu aux Etrangers. Dites à vingt Parisiens rassemblés, qu'il n'y a pas un bon Citoyen parmi eux, ils conviendront tranquillement du fait : dites-leur que leurs meilleurs Peintres sont médiocres, ou que leur Opéra ne vaut rien, leur bile s'enflamme & s'allume ; il semble que l'honneur du nom Français soit compromis. Le Poëte Virgile, qui chatouilla si vivement le caractere noble & fier de ses Concitoyens, par le Vers,

Tu regere impèrio populos, Romane, memento;

n'auroit nullement fait plaisir aux habitans de Paris. Le début du compliment :

Excudent alii spirantia mollius æra,

auroit trop indisposé ces Messieurs, pour leur laisser goûter le trait par lequel il le termine. Je n'ignore pas que, dans cette occasion, j'exciterai bien des clameurs, & que je mettrai en mouvement un monde d'ennemis & de critiques ; mais je vois une porte pour me sauver des traits de leur indignation ; c'est de leur donner, avec la même bonne foi, la palme de la Sculpture. Comme je l'ai déjà dit, ils y réussissent avec une supériorité incontestable. Que l'on compare les époques les plus florissantes des Ecoles diverses qui rivalisent avec celles de France, avec les périodes successifs & les différens progrès de sa Sculpture ; je crois que l'on pensera comme moi, qu'elle a produit les plus grands Maîtres parmi les modernes. Tandis que les successeurs des Le Sueur, des Le Moine, des Le Brun & du Jouvenet, ne sont plus que des faiseurs de bambochades & des enlumineurs de paravents ; les Pigale, les Falconet & leurs rivaux font éclore sous leurs ciseaux des chef-d'œuvres que ne désavoueroient pas, & dont s'énorgueilliroient même les Puget & les Girardon.

Cette disparité dans les progrès des deux Arts que le commencement du siecle passé vit l'un & l'autre au berceau, & dont l'essor promettoit d'être le même par l'analogie & les rapports qu'ils ont entre eux, tient à la cause que nous avons d'abord fait entrevoir. A Paris, comme ailleurs, la Nature, toujours égale dans ses dons, crée des génies dans un temps comme dans un autre; mais le talent s'éleve & s'exalte, ou se rétrécit & s'abaisse, selon que les objets qu'il traite, selon que l'habitude & la pratique le mettent à portée de déployer plus ou moins son vol. Les Peintres ont si peu d'occasion dans ce siecle de concevoir une grande machine & d'exécuter des idées sublimes & étendues, qu'on n'en rencontre plus un seul qui s'en soit fait une étude. Allez au contraire visiter un Artiste célebre dans son attelier, causez familiérement avec lui ; il vous dira sans détour, que le désir naturel & juste de rendre son talent fructueux, & de s'en servir pour arriver à la fortune, lui fait perdre de bonne heure toute idée des grandes compositions, & que le soin de ses intérêts le borne à ce qu'on appelle, si je ne me trompe, la Peinture de *genre*.

Pour faire entendre ce que c'est que Peinture de *genre*, il faut éloigner de la pensée de mes Lecteurs les anciennes notions que quelques-uns d'entre eux pourroient avoir conservées. Par le mot *genre*, dans son sens applicable à l'Art dont nous parlons, on comprenoit autrefois les tableaux d'Histoire ou le Paysage. On ne plaçoit au premier rang parmi les Artistes, que ceux dont le pinceau, créateur & fécond, suivoit, dans sa marche hardie, la Nature dans toutes ses variétés. Tels furent les Rubens, les Raphaël ; leur main savante jetoit successivement sur la toile les actions des Héros, le spectacle riant & varié des campagnes, les scènes rustiques & champêtres de leurs habitans, l'horreur & l'effroi des batailles, & les charmes des graces & de la beauté. L'Art de peindre les êtres inanimés, celui de tracer avec soin les animaux, les insectes, les fleurs, formoient encore une partie de l'Art général de la Peinture ; mais ce genre servile & laborieux faisoit ranger dans une classe bien subordonnée, ceux qui, par le travail assidu & par des soins infatigables, atteignoient à sa perfection.

Il me paroît que le mot *genre* a acquis une acception absolument différente, & que sa signification est devenue bien moins générale & bien moins étendue. On appelle *Peintre de genre*, celui qui s'applique à exécuter certaines scènes, & qui s'est borné à une espece limitée & déterminée de personnages. Creuse, homme que son imagination toute de feu, son ame sensible & son œil juste & pénétrant, auroient pu rendre bien supérieur à lui-même ; Creuse, dont les tableaux vrais & pleins d'expressions, avoient fait sur moi une impression si forte à mon premier voyage ; Creuſe, par une ſuite des raiſons que nous avons alléguées de la décadence de ſon Art, n'eſt malheureuſement qu'un Peintre de *genre*. Au lieu d'avoir donné, ou plutôt d'avoir laiſſé prendre un élan varié au génie qui le meut ſi uniformément dans des compoſitions où il ſe répete ſans ceſſe, il a éternellement la même maniere ; & tout ce qui ſort de ſes mains eſt revêtu, pour me ſervir d'une expreſſion moderne, de la même phyſionomie. Il faut convenir que cette phyſionomie eſt celle du génie ; mais c'eſt le génie enchaîné & circonſcrit. Un idiot, un enfant reconnoîtroit ſes Ouvrages auſſi facilement que ſa perſonne. J'ai fait cette remarque avec un regret d'autant plus vif, que les facultés intellectuelles, & la vive & ardente imagination de cet Artiſte que j'ai beaucoup connu, l'auroient rendu capable des choſes les plus ſublimes.

A une grande diſtance de celui-ci, c'eſt-à-dire, avec cet intervalle qu'il y eut long-temps entre le génie qui crée

& qui exprime, & celui qui imite & qui rend, il faut placer le célèbre Vernet. Ses tableaux sont quelquefois d'une grande exécution, mais presque toujours sa composition est dépourvue de mouvement & de chaleur. Il est précieux par le choix de ses scènes, & en dépit de l'espece d'uniformité qui s'y fait sentir ; mais il m'a paru qu'il manquoit presque toujours de vie & d'ame, & quelquefois de vérité.

Voilà les deux hommes qui, dans ce qu'on appelle *Peinture de genre*, développent encore ce feu qui seul fait les Peintres comme les Poëtes. La plupart des autres travaillent plutôt des tableaux, qu'ils ne les composent ; ils se traînent, avec quelques disparités & quelques variétés entre eux, sur les traces des deux premiers, dont la maniere a fait fortune.

Le genre noble & grand de l'Histoire existe encore entre les mains de quelques Artistes ; mais des études pénibles, une longue pratique, & la connoissance de toutes

toutes les parties techniques de leur Art, n'assurent à la plupart de ceux-ci un rang que très-peu au dessus de la médiocrité. La plupart d'entre eux sont plus remarquables par des titres de premiers Peintres, & par leur rang à l'Académie de Peinture, que connus par leurs Ouvrages.

Les Peintres de portraits pullulent à force. Sans contredit, ce sont en général les plus foibles & les moindres de tous. Jamais la France n'eut de Vandik ni de Rimbrant ; mais Largilliere & Rigaud rendirent non seulement les traits, mais même les caracteres des personnages dont ils nous ont laissé les portraits. Ceux qui osent manier après eux des pinceaux, libres, faciles & justes entre leurs mains, semblent ne faire que la caricature des modeles qu'ils ont à copier. Je n'ai pas vu un seul portrait d'homme où l'intention très-visible du Peintre ne fût d'en faire ce qu'on me permettra, pour peindre ma pensée, d'appeler un joli garçon ; n'importe que le modele fût un adolescent en plumets,

Tome II. O

ou un grave Magistrat. J'ai remarqué encore que presque toutes les têtes de femmes étoient traitées d'une maniere léchée & mignarde, qui détruit la ressemblance & fait fuir la Nature.

Je ne sais si le beau Sexe me pardonnera de rejeter un peu sur lui ce défaut presque inévitable. Non seulement les portraits de femmes se ressemblent tous à Paris, mais les originaux eux-mêmes ont de certains rapports généraux qui sont dus plus à l'Art qu'à la Nature. La couche que ce premier étend sur presque tous les visages, est très-propre à cacher à l'œil de celui qui copie, les nuances variées à l'infini par lesquelles l'autre fait différer les physionomies. A cinquante pas, il est difficile de reconnoître les Belles autrement que par la taille. Je ne sais si notre célebre Chevalier Renolds, dont les talens font parmi nous tant d'honneur à la Peinture naissante, se seroit tiré d'affaire vis-à-vis de ces masses de plâtre. J'ai souvent excusé les pinceaux qui chargent à Paris presque tous les portraits de femmes des mêmes couleurs, & qui les empâtent d'un blanc de cérufe, relevé par un rouge tranchant, entre lesquels on cherche en vain le fondu des nuances & le relevé des contours & des formes, par la confidération que les modeles s'étoient encroûtés eux-mêmes d'avance d'une maniere feche & artificielle, qui trompe l'organe du Copifte.

La Sculpture, accoutumée à des Ouvrages d'un plus grand genre, trouve à fe relever par de grandes compofitions. Le génie de ceux qui s'y adonnent, foutenu par cet avantage, n'a point autant dégénéré. J'ai déjà dit que les progrès de ce bel Art, en France, m'avoient paru furpaffer ceux qu'il a faits dans les Ecoles de Flandres & d'Italie. Duffé-je m'expofer à irriter contre moi les enthoufiaftes exclufifs de tout ce qui eft antique, j'ajouterai qu'il eft tel chef-d'œuvre de Girardon qui me frappe beaucoup plus que tous les monumens que j'aye jamais vûs de l'Art des Anciens. Le fuperbe tombeau du Cardinal de

Richelieu, met cet Artiste au dessus de tout ce qui fut fait avant lui, & fera le désespoir de quiconque maniera le ciseau à l'avenir. La réunion d'autant de beautés & d'autant de perfections ne m'a frappé dans aucun morceau : composition à la fois noble & simple, exécution libre & finie, groupe judicieux & sans confusion, expression juste & touchante, mollesse, vie, vérité ; en un mot, concours de tous les moyens dont l'effet est le sublime; impression victorieuse & ineffaçable sur le spectateur ; tels sont les caracteres rares & peut-être uniques de ce bel Ouvrage ! Quelques-uns des successeurs de ce grand Artiste sont animés de son génie. Il n'en est point, à la vérité, qui réunisse autant de perfections ; mais au moins on discerne, dans les Ouvrages de quelques-uns, que leurs yeux se sont fixés sur lui dans une carriere dont il atteignit le terme. Je me rappelle d'avoir vu, il y a quelques années, la statue d'un Solitaire en contemplation, dont l'expression noble & sublime étoit aussi forte & aussi vraie que celle de la figure du Cardinal par Girardon (a).

J'ai visité l'attelier du Sculpteur dont les mains ont fait cette belle statue ; j'ai vu de lui plus d'un Ouvrage d'une perfection décidée, & qui avoit le caractere de ce génie, devenu si rare dans les atteliers des Peintres, où je l'ai vainement poursuivi. Quelle que soit mon admiration pour les Sculpteurs Français, je ne puis me dissimuler cependant tout à fait qu'entre les mains de quelques-uns cet Art se rapetisse, par les mêmes raisons qui ont circonscrit la Peinture dans les *genres* à la mode. Mais au moins les Sculpteurs qui tiennent le premier rang, ont résisté au torrent : les grands sujets, propres à les exercer, n'y sont point encore, & ne seront probablement pas de long-temps, dans cette désuétude absolue,

---

(a) Il est vraisemblable que Milord de *** veut parler de la figure de Saint Bruno, exposée, il y a quelques années, au Sallon, par M. Goais.

qui réduit l'Art des Peintres à des jolis riens, & à des brillans colifichets que leur vanité ne peut sauver de l'inculpation de la médiocrité la plus décidée. Il faudroit, pour restreindre cet Art autant que l'autre, que le goût des magots de porcelaine devînt aussi exclusif que celui des petits tableaux & des miniatures.

L'Architecture, plus nécessaire & plus utile que les deux Arts précédens, qui servent l'un & l'autre à l'embellir, est extrêmement cultivée dans cette Capitale; mais elle y a aussi le caractere de la plupart des plans bornés, sur lesquels on y éleve des édifices. Il n'est point de grande ville en Europe où les particuliers riches se logent avec autant de commodités & d'élégance; aussi l'on ne bâtit nulle part des Hôtels avec autant de goût & d'intelligence. Tous les petits édifices, soit ceux de la ville, soit des environs, sont charmans; mais il me paroît que l'Art plus grand & plus élargi d'élever des temples & des palais, n'y a point fait les mêmes progrès.

L'édifice imparfait du Louvre, magnifique, il est vrai, dans quelques-unes de ses parties, offre dans son ensemble la forme désagréable & renfermée d'un cloître. Celui des Tuileries n'a d'autres beautés remarquables que sa longueur & son étendue. D'ailleurs ces vastes bâtimens ne sont point l'ouvrage de ce siecle ; le dernier Souverain semble avoir eu plus souvent le désir de multiplier ses maisons, que de décorer la Capitale par ses édifices. Il suffit d'avoir été en Italie, pour ne point prendre de quelques temples modernes l'opinion que l'on en a d'avance, & pour apprécier les éloges pompeux qu'on en fait, sur des desseins dont l'effet peut tromper sur le papier, avant d'en voir les murs assis sur les fondemens. J'ai peu de connoissance en ce genre ; mais je présume que la coupole des Invalides y sera long-temps l'unique monument de piété véritablement admirable.

Il n'est point un Parisien qui n'annonce avec enthousiasme à tout Etranger les beautés étonnantes & le goût qui regne dans la Salle de l'Opéra. Ce Théatre est très-moderne & très-spacieux ; il a certainement des beautés remarquables ; les débouchés en sont aisés & commodes ; mais il ne m'offrit rien de surprenant : sa décoration intérieure même, partie qu'il ne faut jamais négliger dans de semblables édifices, ne fait qu'un effet médiocre. La vétusté des dorures est très-prompte, & la poussiere dont les ornemens se couvrent, leur fait perdre rapidement leur lustre & leur éclat. J'ai pensé plus d'une fois qu'une salle de spectacle, telle que sont celles des Modernes, devoit être relevée en dedans par une Architecture légere ; aucune partie ne doit y faire masse ; les ornemens ne devroient jamais non plus être faits à fond. Par cette méthode, on auroit la facilité de les changer comme les décorations de la Scène, & ils conserveroient à jamais le mérite séduisant & la fraîcheur de la nouveauté.

Dans les Théatres des Anciens, il étoit nécessaire de prodiguer les péristiles,

les colonnades, les marbres & les porphyres ; les ornemens devoient y être à la fois superbes & solides, parce que tous les Jeux dramatiques, qui y rassembloient un peuple immense, s'exécutoient en plein jour. Parmi nous, ils ne sont ouverts que la nuit ; jamais le soleil n'y pénetre, & la lumiere artificielle des bougies y donne au bois vernissé & à l'oripeau le plus grossier, le même éclat qu'à la profusion des marbres & de l'or. Il est donc inutile & superflu d'employer des moyens dispendieux pour opérer des effets qui seront encore plus piquans & plus variés par la diversité & les changemens, que par une premiere magnificence dont le lustre se ternit bien vîte, & que les frais immenses empêchent de renouveler souvent.

Plus j'avance dans mes observations, plus je sens que leur franchise & leur liberté auront besoin d'indulgence ; aussi je ne cesserai point de répéter que rien n'est moins exclusif que ma façon de penser : je suis tout prêt à céder aux remarques plus senfées qu'on pourroit opposer à celles que je hasarde.

Après avoir prévenu encore une fois mes Lecteurs sur ce point, je vais aventurer de dire un mot de la Musique Française ; Art charmant, Art enchanteur, mais qui est fait pour tous les hommes qui ont reçu de la Nature des organes sensibles, & dont par conséquent chacun a le droit de parler sans offenser personne.

Celui qui est insensible aux charmes de l'harmonie, & que n'émeuvent point les sons mélodieux d'une voix touchante, dit un de nos plus grands Poëtes, *a reçu du Ciel une ame plus noire que l'érebe, & son cœur est plus dur que le Tartare.* Je crois cette sentence très-vraie, & le plaisir d'entendre des accords flatteurs est un des plus grands bonheurs physiques de l'homme.

L'harmonie, prise d'abord dans la Nature, fut certainement simple & une dans ses commencemens : elle reçut ensuite des disparités des mains de l'Art, qui voulut se l'asservir chez les différens

Peuples qui l'ont mife en ufage, foit dans le culte divin, foit dans les amufemens publics. L'hiftoire de fes variations & de fes viciffitudes feroit auffi piquante que l'hiftoire de celles des Langues; on trouveroit probablement beaucoup d'analogie & de rapport entre l'une & l'autre.

Comment, parmi toutes les modifications que l'Art des fons a reçus chez les diverfes Nations, diftinguer celles qui ont le moins étouffé le charme primitif & général de la Mufique naturelle? Il me femble que celles dont l'effet eft le plus vif & le plus fenti, & en même temps le plus univerfel, doivent être préférées à toutes les autres; & n'eft-il pas indifputable que l'Art de la Mufique, tel qu'il eft cultivé par les Italiens, ne réuniffe le plus grand nombre de partifans, & ne faffe plus d'impreffion que ce même Art, tel que les Français l'ont connu & pratiqué jufqu'à nos jours.

Il eft aifé de s'appercevoir que le triomphe de la mélodie Italienne fe confirme de plus en plus à Paris même. Quelques efforts que l'on fasse pour se dissimuler que l'on y suit à la piste les Compositeurs de cette Nation, il est évident qu'on n'y sortit de la routine ancienne & de la monotonie du siecle passé, qu'en s'évertuant à les copier, & en noyant leurs passages dans la psalmodie antique, souvent avec assez de mal-adresse pour laisser entrevoir le plagiat ; c'est ce que faisoient les Compositeurs Français au commencement de la révolution qui se manifeste actuellement. Ceux d'aujourd'hui, avec moins de préjugés exclusifs que leurs prédécesseurs, & réchauffés par la sensation des bonnes compositions qu'ils se sont enfin déterminés à écouter, ont acquis plus de nerf, d'expression & de style. L'Art se débrouille ; dans les progrès qu'il fait, il annonce qu'il arrivera rapidement à la perfection, si, dans sa marche, il ne se brise contre un écueil que met dans son chemin le mauvais goût, qui semble arriver d'Italie en même

même temps que le génie de la véritable Musique.

Beaucoup de Maîtres Italiens s'éloignent de la simplicité des Pergolese & des Giomelli. Les Français courent risque d'être gâtés par les charges séduisantes des premiers, presque à l'instant où ils se pénetrent des beautés de ces derniers. Le célebre Glouke, qui soutient, en dépit des cabales, cette Musique dramatique touchante & vraie, qu'il à portée plus loin que personne, peche peut-être un peu par le manque de délicatesse, & par un défaut de légéreté & d'agrément. Il est à craindre que l'impatience Française ne cherche, dans le clinquant de quelques Auteurs Ultramontains, de quoi remplir le vide qu'ils trouvent dans la maniere du Musicien de Vienne, & qu'ils ne prennent la caricature que les uns ont de trop, pour la variété & le brillant que l'autre n'a pas toujours.

Je ne puis m'empêcher d'avouer que l'Art divin dont je parle, n'ai fait, à travers tout cela, des progrès étonnans.

Tome III. P

Les exécuteurs commencent à se dépouiller de leurs anciens défauts. Le préjugé terrassé, après avoir lutté long-temps contre l'innovation, semble se laisser entraîner à son tour à son charme victorieux, & applaudir à un changement qui lui donne des plaisirs véritables & inconnus. Les Grétri, les Langlé travaillent dans un genre qui doit assurer leur succès par-tout. Bientôt les Etrangers pourront fréquenter par goût les Théatres consacrés à la Musique ; les bons Concerts se multiplient, & sont déjà communs.

La Poésie, sœur de la Musique & de la Peinture, faite pour avoir sans doute la préférence sur l'une & l'autre, semble encore plus négligée & plus rétrécie que la derniere. En fréquentant quelques Beaux-esprits, je me suis apperçu que le plus grand nombre affectoit le dédain le plus orgueilleux pour l'Art des Vers. Pendant le cours du siecle passé, la manie de rimer étoit presque universelle ; les Poëtes tenoient le premier rang dans la Littérature, &

chacun vouloit être quelque chose au Parnasse. D'autres manies ont pris la place de celles-ci : la Philosophie, qui n'est ni plus saine, ni meilleure pour être plus répandue, semble avoir glacé les imaginations : tout le monde s'en mêle ; & de tous ceux qui se piquent de quelques connoissances, il en est peu qui ne soient assaillis souvent par la tentation de se signaler par une brochure systématique. Le grand nombre de ceux qui y succombent, est constaté par ce torrent continuel de petits Ouvrages morts-nés, où l'homme de bon sens découvre la morale des boudoirs & des coulisses, & la politique de cafés, sous l'étalage de la plus ridicule pédanterie.

Le goût de la Poésie éteint dans les Lecteurs, son génie s'est étouffé dans presque tous ceux qui écrivent. J'ai lu la plupart des Ouvrages des Poëtes qui ont paru depuis peu : le véritable talent des Vers semble s'être évanoui il y a trente ans. L'entortillage, les épithetes amoncelées, les inventions affectées &

baroques, la méprife qui tend à accumuler les mots, au lieu de ferrer les idées, ne juftifient point mal l'averfion qui redouble de jour en jour pour les fanfares des Verfificateurs qui ont pris la place des Boileau, des Rouffeau & des Voltaire.

Eft-ce là faute de la Poéfie ? faudroit-il s'en prendre à elle ? Cet Art, le premier & le plus beau de tous les Arts libéraux, puifqu'il renferme, pour ainfi dire, tous les autres, & que c'eft celui où l'intelligence fait les plus grands & les plus fublimes efforts, influe fans contredit beaucoup fur eux : fa chute fut dans tous les temps le préfage de la leur. Le feu de l'imagination eft l'aliment & la fource des chef-d'œuvres dans tous ceux qui font faits pour les fens. Aucun d'eux ne nourrit & n'entretient cette flamme précieufe, comme celui de la Poéfie ; elle y a toute fon activité ; elle peint & elle parle à la fois. Tous les Peuples du Monde, à des diftances infinies les uns des autres, la créerent fans communication, & la connurent comme par inſtinct. La ſévere Philoſophie, qui veut la proſcrire, ne connoit bien ni ſa portée ni ſon utilité ; la Nation qui l'exileroit au moment de ſa proſcription, ouvriroit la porte à tous les autres talens, enchanteurs des ſens, qui s'envoleroient à ſa ſuite.

Il eſt évident que, ſous un point de vue, le Peintre, le Sculpteur peuvent être regardés comme Poëtes ; il l'eſt auſſi qu'un bon Muſicien ne réuſſit à jeter de la chaleur dans ſes compoſitions, que lorſque le même germe de talens l'échauffe & l'excite. Mépriſez le Poëte, vous dégradez implicitement ceux dont le pinceau anime la toile, dont le ciſeau communique la vie au marbre, & celui qui porte les charmes de la mélodie & de l'harmonie juſqu'au fond de votre ame, par des accens auſſi puiſſans & plus ſéduiſans pour notre ſenſibilité d'organes, que les ſons articulés ne ſont perſuaſifs pour notre intelligence. Le Poëte a tous les charmes à la fois, il déploie enfemble toutes ces magies différentes ; on ne peut donc le dédaigner, fans leur faire en même temps un outrage.

Les difparités & les contradictions que l'on vient de voir dans la maniere d'être des Arts libéraux, qui font faits, par leurs rapports évidens, pour avoir un même fort, tiennent encore à des caufes que j'ai eu occafion de connoître, & que l'on entreverra facilement dans le Chapitre fuivant.

CHAPITRE X.

Bibliotheques publiques ; Cabinets ; protection & encouragement pour les Sciences & les Arts.

J'AI trouvé que les cabales, ces fléaux des progrès de toutes les Sciences & de tous les Arts, n'étoient nulle part aussi nombreuses, & n'avoient, en aucun lieu du Monde, plus beau jeu pour se former & se maintenir qu'à Paris. Nulle part il n'est plus facile de faire illusion & d'aveugler la *protection publique ;* nulle part il n'est plus aisé de grossir & d'étayer une faction littéraire d'une foule de Protecteurs privés, jouets dangereux d'un engoûment que la flatterie a d'autant moins de peine à leur inspirer, que leur ignorance présomptueuse est la plupart du temps habituelle & mécanique.

Il faut bien qu'il y ait des obstacles presque insurmontables, pour arrêter, dans leur courſe & dans leurs progrès, des individus auſſi heureuſement diſpoſés que le ſont les Français aux Arts & aux Sciences, ſi l'on conſidere ſurtout que Louis XIV, inſpiré par Colbert, a multiplié tous les ſecours poſſibles, & les a rendus publics avec une magnificence digne d'un auſſi grand Prince.

J'ai viſité avec étonnement les monumens divers de ſa protection royale en faveur des Artiſtes & des Savans. Il les chériſſoit ; jamais Monarque ne récompenſa les talens avec plus de diſcernement, ni d'une maniere plus flatteuſe. Aucun de ſes prédéceſſeurs n'avoit environné le Trône de plus de ſplendeur ; aucun ne l'avoit rempli avec plus de majeſté. Dès qu'il connoiſſoit le génie, il s'empreſſoit de s'abaiſſer juſqu'aux particuliers que la Nature en avoit doués, ou plutôt il les élevoit juſqu'à lui. On vit plus d'une fois ce Monarque, que, dans les accès de nos haines populaires, nous avons dépeint comme le plus orgueilleux des hommes, ſe communiquer familiérement au célebre Moliere, à Racine & à Boileau. Lui-même il parcouroit ses superbes jardins avec *Le Notre*, & consultoit Mansard & Perrault sur les édifices pompeux qu'ils éleverent par ses ordres. Mignard & le Brun approcherent de leur Maître. Tous ces hommes illustres, en sortant de son auguste présence, étoient, pour ainsi dire, environnés & échauffés des rayons de sa gloire. Rien au monde ne donne plus d'étendue aux talens, & n'exalte davantage le génie, que les distinctions qui élevent l'ame & qui flattent l'orgueil, passion bien plus puissante d'ordinaire dans les hommes supérieurs par leurs connoissances, que ne l'est celle de l'intérêt.

Animé de la noble émulation, non seulement de faire fleurir les Arts sous son regne, mais même d'assurer le leur long-temps après lui, ce Prince érigea toutes les Académies qui existent aujourd'hui. Il fonda, il enrichit les Bibliotheques publiques; il consacra quelques-uns de ses palais à loger les Savans distingués & les Artistes célebres.

Il ouvrit à perpétuité des Ecoles nombreuses & multipliées dans tous genres. Tous les progrès que les connoissances humaines ont faits depuis, sont en grande partie les fruits de sa prévoyance, de ses soins & de ses largesses.

Comment est-il possible qu'avec tous ces établissemens qui subsistent encore, la plupart des Arts qui furent exercés pendant son regne avec tant d'activité & d'éclat, aient aussi sensiblement & aussi rapidement penché vers leur décadence ? Je ne prétends pas nier que ce Siecle ait acquis des lumieres que le précédent n'avoit point : nombre de Savans l'ont enrichi sans contredit par des découvertes précieuses ; & les progrès des Sciences exactes le signaleront dans la succession des âges ; mais il est évident que tous les Arts de l'imagination ont beaucoup perdu; & je ne parle que de ceux-ci.

Tout est sujet à vicissitude. Les Grands Hommes, les Monarques amis des talens, les Ministres sages & judicieux ne peuvent guere dans aucun fens travailler pour la Poftérité. Tous leurs efforts, quelque grands qu'ils puiffent être, n'influeront jamais efficacement que fur l'âge où ils auront vécu. Ce n'eft pas affez qu'ils réuniffent dans un vafte dépôt toutes les connoiffances humaines recueillies jufqu'à leur temps; qu'en ouvrant l'accès du Trône aux grands talens, ils tâchent d'en perpétuer le goût par des monumens, & d'en faciliter le développement par des Ecoles favantes : s'ils ne tranfmettent leurs grandes ames à leurs fucceffeurs, ils auront travaillé en pure perte. Si les égaremens de ceux qui viennent après eux, leur caufent des diftractions fur les encouragemens néceffaires ; fi les événemens affoibliffent leurs moyens, s'ils tariffent leurs bienfaits, fi l'indolence détourne leur attention, fi des goûts corrompus, fi des paffions baffes & rampantes les livrent aux artifices fubalternes des flatteurs, tout s'écroule, parce que tout eft négligé. Le Génie outragé, fuit fans ceffe devant les brigues & les cabales ; & le même orgueil qui développe les talens, les renferme dans leurs germes rebutés & abandonnés.

Sous ces généralités, je m'imagine avoir tracé l'histoire des Arts en France. Je n'ignore pas que les richesses d'un grand nombre de Citoyens de la Capitale, que leur faste, que leur manie même offrent encore à l'imagination des Artistes une espece d'aiguillon. Mais il a peu de force, parce que ce n'est que l'aiguillon de l'intérêt ; il ne faut pas moins que celui de la gloire, pour que les ames qui sont capables de cueillir la palme des Arts, exercent toute leur puissance & déploient tous leurs ressorts.

Une noble indépendance est un attribut nécessaire aux grands Génies. Chez les Nations policées, cette indépendance propre à nourrir la chaleur de l'ame & à soutenir sa fierté, existe, toutes les fois que le sort d'un individu est fait par le Public ou par le Souverain. Les plus foibles bienfaits acquierent le prix le plus précieux, quand ils viennent

nent de cette fource ; & l'honneur qui les accompagne, y ajoute une valeur que toute la profufion des particuliers ne peut jamais remplacer. Il femble qu'un Artifte devienne un Manœuvre, lorfqu'il ne travaille plus que pour ces derniers. La récompenfe fe dégrade & s'avilit ; elle n'eft plus qu'un falaire. Son caractere de baffeffe fe communique aux cœurs & aux entendemens ; ils fe rétréciffent à la fois. Le génie, affujetti & borné aux caprices du mauvais goût, de l'épaiffe opulence, toujours impérieufe en raifon de fon manque de lumieres, contracte malgré lui des habitudes qui le corrompent & l'étouffent. Encore une fois, la protection des talens, pour être efficace & foutenir leur vol, doit être publique & grande : elle a alors tous les avantages, & fur-tout celui d'être impartiale.

En lifant l'Hiftoire littéraire du Siecle de Louis le Grand, j'ai fait beaucoup d'attention à la vie privée des hommes célebres qui l'ont illuftré. J'en ai fait le parallele aux habitudes des Virtuofes en tous genres du Siecle préfent. Que de difparités frappantes jufque dans les plus petites chofes ! J'ai cru faifir, dans le détail des mœurs comparées, des rapports intimes avec les différences qui fe trouvent entre les talens ; & les unes & les autres dérivent également des influences difparates de cet encouragement augufte, public & impartial, & de celles d'une multitude de petites brigues, d'efforts, de partis & de cabales minutieufes & emportées.

J'expliquai prefque toujours ma penfée au Comte de *** ; je lui communiquai librement mes remarques fur tous les objets, parce que je ne craignois jamais de me heurter contre les préventions qui font fi communes & fi fortes parmi fes Compatriotes. Il me dit un jour que j'avois affez bien faifi, felon lui, les caufes manifeftes du dépériffement des Arts libéraux ; &, pour me mettre à portée d'en juger par expérience, il offrit de me mener dans quelques-uns des foyers des factions principales qui divifent les Sciences, la

Littérature & les Arts, sous les auspices d'une infinité de Mécenes engoués, chacun en particulier, du parti qui les encense : là, présidoit une douairiere ignorante & remplie d'illusions ; ici, une vierge surannée, que sa laideur & la sécheresse de son caractere avoit réduite au célibat, caressoit les Muses pour se dédommager d'avoir toujours effrayé les plaisirs. Dans un autre endroit, c'étoit une femme doublement ridicule par des prétentions galantes, & par des manies littéraires ; plus loin, un Financier achetoit des éloges & de la réputation par une chaîne de festins ; en un mot, chaque quartier avoit son bureau, & tous étoient fréquentés par des mortels chez qui la qualité d'homme à talens étoit visiblement subordonnée au caractere d'intrigant ou à celui de parasite. Je n'entrerai point dans le détail & ne ferai point le tableau de toutes ces cotteries où sans cesse on cabale, & rarement on s'amuse ou s'instruit ; j'arrêterai seulement les yeux du Lecteur sur la plus célebre de toutes ces assemblées où le Comte m'introduisit.

Un Magistrat, illustre par ses connoissances autant que par son rang dans la judicature, me disoit cet aimable Français, fut l'ami du célebre Despréaux, bien plus que son protecteur. Quand ce dernier s'échappoit de son cabinet, ou se déroboit à ses habitudes ordinaires pour aller grossir le cercle choisi que Lamoignon rassembloit à Baville, le Bel-esprit faisoit plutôt une faveur à l'homme en place, qu'il n'en recevoit une de lui ; il étoit accueilli par l'amitié, par la douce égalité ; il n'y rencontroit pas cette espece de considération hautaine & mortifiante qui se masque en vain sous les simagrées de la politesse, & qui offense la sensibilité réelle, plus qu'elle ne flatte la vanité. Ce dernier ton est celui de tous les Mécenes modernes : j'attribue cette différence à ce qu'ils payent, soit en intrigues, soit autrement ; & aujourd'hui rien n'est gratuit.

Dans la maison où je vous menerai,

Milord, vous respirerez un air d'apprêt & de doctrine dès la loge du Suisse; sa liste a des rapports avec le catalogue d'un Libraire : bustes, vases, tableaux, estampes, cartes, machines ; tout, depuis le vestibule jusqu'au garde-meuble, annonce le plus couru & le plus déterminé des *Connoisseurs*. Il est bon que vous sachiez, Milord, que l'on appelle ainsi tout homme riche que les Savans, les Beaux-esprits & les Artistes fréquentent pour son argent ou pour sa table, à charge de mettre la parole à la bouche au généreux automate. Voici à peu près l'ordre de la journée de celui que nous allons voir. Chaque matinée ramene chez lui un essaim de Virtuoses de tous les genres : quelquefois des Naturalistes viennent lui annoncer des curiosités, ou réformer quelque article double de sa collection ; un autre jour, des Chimistes viennent faire jouer ses fourneaux, & répéter à grands frais & avec beaucoup d'appareil de très-petites expériences, dont on lui laisse tout l'honneur ; quelquefois c'est un Bel-esprit qui vient lui communiquer un plan que celui-ci, après l'avoir entendu, imagine presque toujours avoir conçu & indiqué à son protégé. Peintres, Architectes, Sculpteurs, Musiciens, vous entendrez toutes ces especes-là dire qu'ils l'ont vu, qu'il a applaudi à leurs talens. Cela est passé en mode, & entraîne la vogue. Il faut absolument que tout talent, pour faire du bruit, puisse le citer & se faire honneur d'avoir été accueilli chez lui.

Loin cependant de posséder l'universalité de connoissances, le goût sûr, le discernement exact & délicat, ce personnage fastueux n'est, comme je vous l'ai déjà dit, que l'organe passif de ceux qui l'environnent, & le truchement des préjugés qu'il est de l'intérêt de leurs cabales de lui inspirer. Venez, Milord, il est temps de nous y rendre.

Nous passâmes à l'instant même à l'Hôtel de ***. L'idée que le Comte venoit de me donner, fut pleinement justifiée. Depuis l'entrée du logis jusqu'au fond d'une enfilade de pieces de plain pied où le Maître daigna nous recevoir, j'apperçus se développer par progression tous les symboles de la protection fastueuse & du goût affecté. Nous fûmes conduits dans sa Bibliotheque ; c'étoit un long vaisseau, décoré de Livres richement parés, dans de très-belles tablettes dont le couronnement étoit chargé de machines. Cette place étoit chauffée par un vaste fourneau ou poële dont les formes étoient symboliques. A chaques distance, entre les tablettes, étoient des bustes sur leurs pieds, que j'ai reconnus pour les effigies des Immortels les plus familiers du logis ; au centre, en face de la porte, étoit celui du patron, le front ombragé de lauriers.

Un jeune Artiste étoit occupé, à une grande table, à ranger des pieces d'anatomie, très-bien exécutées en cire ; un autre plaçoit par ordre des coquillages dans un tiroir partagé par cases, tandis que le Protecteur s'entretenoit avec deux personnages dont je parlerai tout à l'heure, & qu'il quitta pour venir nous recevoir.

Il nous promena avec faste, de sa bibliotheque dans son cabinet, de celui-ci dans son laboratoire, ensuite dans sa galerie ; il commença l'explication de tout ce que nous y vîmes, & laissa aux deux personnages dont je viens de parler, le soin de l'achever. Je m'apperçus que de temps en temps il étoit en contradiction avec les étiquettes dont les objets étoient marqués, & que sa vue un peu basse l'empêchoit de lire assez promptement pour nous dérober le besoin continuel qu'il avoit d'un souffleur. Après quelques instans de cette complaisance & de cet empressement orgueilleux de sa part, nous nous retirâmes.

Monsieur de *** me fit une visite : il fut content de l'admiration que je lui témoignai ; car quelques jours après, il me procura le plaisir de voir tout son Parnasse réuni ; c'étoit précisément ce que j'avois désiré avec ardeur. Probablement il en avoit autant envie que moi ; ma qualité d'Etranger & de Voyageur lui donnoit sans doute lieu de présumer que j'étois très-propre à devenir un des véhicules de sa renommée.

Je me trouvai, le jour de l'invitation, au milieu d'une assemblée d'hommes dont la célébrité n'est assurément pas sans fondement ; mais de toutes les choses de ce bas monde, la renommée est précisément celle dont je me suis le plus fermement proposé de n'être jamais dupe. Il me fut impossible d'entrer dans toute l'énergie exclusive que cette Société me laissa voir, pour ce qui concernoit sa prééminence & sa propre réputation.

Une partie de ces Modernes illustres étoit déjà arrivée ; ils frondoient à l'envi, avec la plus sanglante amertume, tous ceux que la diversité des opinions, ou que l'opposition des intérêts empêchoit d'être leurs humbles admirateurs & leurs aveugles partisans. On annonça un Savant assez connu. O meurtre ! ô abomination ! s'écria avec enthousiasme ce dernier : Messieurs, cela crie vengeance ! — De quoi est-il question ? lui demanda avec consternation le Maître du logis. — Du plus épouvantable des excès, d'une horreur dont le Ministere Public nous doit la plus éclatante satisfaction. — Comment ! vous me faites peur, répliqua l'autre. — C'est un forfait, un parricide. — Mais qu'est-ce ? — Une Comédie. — Quoi ! n'est-ce que cela ? elle pourra peut-être nous faire rire. — Rire ! oh ! parbleu, Messieurs, vous n'en rirez pas. — C'est donc du D*** ? dit malignement un petit homme, qui jusqu'alors avoit beaucoup parlé de ses Vers, de son bon goût, & de l'élégance de ses Ecrits. — Non, c'est.... Il ne put achever ; & jeta, avec un mouvement d'indignation, une Brochure sur une table. Le Comte la ramassa. En vérité, Monsieur, dit-il, ce n'est point là le sang froid de cet Archimede, que vous nous retracez, pendant le siége de Syracuse. J'ai peine à concevoir de quoi il peut être question, & quel sujet peut si fort vous émouvoir.

Il ouvrit, & se mit à lire une premiere Scène, que les Auditeurs trouvoient tous assez plaisante.... Mais je ne vois rien là, dit le Maître du logis en l'interrompant. — Poursuivez, Monsieur, poursuivez, dit le premier qui avoit parlé, si vous pouvez, & vous, Messieurs, écoutez jusqu'au bout, si vous en avez la patience & le courage. Effectivement, le Comte n'avoit pas achevé trois Scènes, que tous les assistans éleverent confusément la voix, & formerent un éloquent chorus d'invectives & d'imprécations. J'ouvris de grands yeux; mon introducteur rioit sous cape. Bientôt chacun voulut à son tour parcourir le libelle maudit. A peine en avoit-il feuilleté quelques pages, que la révoltante Brochure tomboit de ses mains, & qu'il crioit que c'étoit à lui qu'on en vouloit. Dans le transport de sa fureur grotesque, le Ragotin qui avoit parlé si avantageusement de ses Vers, porta sa main sur la garde d'une petite épée qu'il avoit au côté. Cet excès, s'écria-t-il, n'est point de ceux dont on tire vengeance la plume à la main !... Son air de *Capitan* en lâchant cette menace, étoit si rifible, que, malgré la gravité & l'importance des circonftances, un grand éclat de rire partit d'un bout à l'autre de l'appartement.

Tout le refte de la journée fe paffa en confeils & en réfolutions de découvrir le téméraire anonyme, & à rêver d'avance au châtiment que le crédit du Maître de la maifon & celui de la fecte pourroient faire tomber fur un auffi audacieux mortel. Le Comte & moi, nous fortîmes en riant ; nous fîmes promptement acheter la Brochure, qui nous divertit d'autant plus qu'elle nous retraça la fcène que nous venions de voir, comme fi l'Auteur en eût été le témoin oculaire.

Très-peu de jours après, cet Ouvrage fit un bruit étonnant dans tout Paris. Les vaines clameurs des Beaux-efprits irrités & du Protecteur furieux n'en firent pas moins ; mais pour cette fois le Public, fecouant un peu leur chaîne,

qu'il

qu'il avoit portée long-temps, s'amufa de fa plaifanterie, & fiffla les plaignans.

Milord, me dit le Comte, je plains l'Auteur de cet Ecrit, malgré fon triomphe ; s'il avoit connu toute la profondeur des haines des hommes de cette efpece, toute la noirceur de leurs cruelles jaloufies, il auroit rééfléchi avant de leur porter cette attaque. — Comment-donc ? & que pourroit-il arriver à celui qui pourfuit avec juftice des ridicules ; qui n'enveloppe dans fa critique gaie & amufante, ni l'honneur ni le caractere effentiel d'aucun citoyen ? — D'abord, repartit le Comte, il lui arrivera, fi c'eft un jeune homme qui débute dans la carriere, que plus il déployera de talent, plus il excitera la crainte & l'envie. Tout fera mis en ufage pour arrêter fon effor & pour étouffer fes difpofitions ; les fatires malignes, les critiques fophiftiques & de mauvaife foi, les apparences impofantes & fauffes d'un orgueilleux dédain ; en un mot, toutes les armes dont pourra s'avifer la cabale la plus adroitement & la plus cruellement méchante. Malheureusement, Milord, il y a bien des gens ici qui font *moutons*, & à qui ces especes de confidérations font une illufion que rien ne peut diffiper. Voilà donc un talent qui nous échappe : c'eft ainfi que mille autres ont été enfouis ; c'eft ainfi que l'orgueilleux efprit d'éxclufion des factions, dans tous les genres, fubftitue au vrai génie, que quelque fierté & quelque efprit d'indépendance accompagnent toujours, l'élégance laborieufe & de convention, & la médiocrité adulatrice & rampante. L'accès à la protection, le chemin qui conduit aux honneurs, aux récompenfes établies pour couronner les Arts, feront fermés à tout talent qui les contredit & les furpaffe : tout ce qui avoit été inftitué pour perpétuer parmi nous les hommes habiles, au lieu d'être un objet d'émulation libre, eft devenu la proie & le patrimoine d'un certain nombre de protecteurs, & d'une cathégorie de protégés qui ne partagent qu'avec ceux qui font de leur bord. — Mon cher

Comte, j'imaginerois cependant que le Public, qui doit se trouver mal de ce despotisme, doit le fronder d'une maniere à le faire évanouir bientôt. — Le Public, Milord, est composé de deux classes parmi nous : celle qui peut jouir des Arts, & qui, par ses préjugés & par ses goûts, en regle la marche & la destinée ; malheureusement, c'est la moins nombreuse, la plus engouée, & la plus facile à séduire : l'autre n'a rien à dire ; elle ne connoît ni les plaisirs ni les charmes des talens, parce que sa pénurie a tiré une ligne de séparation éternelle entre eux. Personne ne réussira, s'il n'est prôné, parce que tout est malheureusement d'acceptation & de préjugés pour celle qui en juge ; & cela durera jusqu'à ce que, fatiguée elle-même du joug qu'elle a subi, l'ennui, la lassitude ou le caprice le lui fasse rejeter. — En ce cas, je plains le débutant, à moins qu'il n'ait bien guetté cette époque. — Je le croirai fort heureux, pour moi, poursuivit le Comte, s'il échappe à la vengeance du parti irrité, en rentrant paisiblement dans l'obscurité ; & si, la calomnie venant au secours de l'orgueil indigné, il n'éprouve pas les effets de quelque imposture bien systématique & bien noire. — Que me dites-vous là ? — Ce que je pense, & ce que je crains bien sincérement pour cet homme d'esprit, dont les saillies nous ont fait rire de si bon cœur l'un & l'autre, & que je voudrois connoître, par des motifs bien opposés à ceux de ces Messieurs.

Après cet entretien, nous passâmes chez notre ami Bouillac, que nous n'avions pas vu depuis plusieurs jours. Sa longue absence commençoit à nous donner quelque inquiétude à l'un & à l'autre; elle augmenta, quand on nous dit qu'il avoit disparu depuis vingt-quatre heures, & qu'on ignoroit absolument ce qu'il étoit devenu. Nous fîmes, pendant les jours suivans, de vaines recherches pour retrouver sa trace ; nous ne pûmes rien apprendre. Mon amitié pour lui prit l'effroi, &

je n'entendois parler d'aucun suicide, malheur assez commun actuellement ici, ni d'aucun assassinat, sans craindre que mon malheureux ami n'en fût l'objet ou la victime. La connoissance que j'avois des qualités de son ame, dont la force & la gaieté s'étoient toujours réunies pour braver les disgraces, me rassuroit sur un trait de folie dont je le croyois incapable ; mais rien ne calmoit mes craintes sur l'autre conjecture ; elle me tourmenta vivement pendant quelques jours, au bout desquels mon ami reparut. Je supprime, sur ses instances, les causes du moins mérité de tous ses malheurs : je ne veux faire rougir personne.

CHAPITRE XI.

Réflexions qui pourront être utiles à mes Compatriotes & à d'autres.

Nous paſſons, nous autres Anglais, pour de grands faiſeurs de politique ; & en tous lieux on nous ſuppoſe, avec juſtice, une démangeaiſon irréſiſtible de nous égarer ſur des matieres d'Etat. Cette idée, que nous ne juſtifions que trop ſouvent, aura ſans doute excité déjà l'impatience & l'étonnement de mes Lecteurs. Quoi ! pas un petit mot encore, pas un trait de critique ſur les affaires & la ſituation politique de la France ? Je puis proteſter que, pendant ſix mois de ſéjour que je viens de faire à Paris, je ne me ſuis point apperçu, encore bien moins occupé, d'avoir changé de domination. Un Citoyen honnête, paiſible, ſans ambition, ſans humeur & ſans enthouſiaſme, les reſ-pecte & les trouve toutes bonnes. Mon silence à cet égard est fondé sur une expérience que tous ceux de mon caractere feront après moi, & sur une maxime dont j'ai cru devoir me pénétrer avant de m'embarquer pour mes voyages ; c'est qu'il est très-sage de voir le monde pour s'y instruire, & que rien n'est plus impertinent ni plus fou que de le parcourir dans la vûe d'y semer des oracles, ou d'y causer une réforme : l'homme sensé qui voyage, doit, sur toutes choses, se mettre en garde contre les préjugés qui lui sont inculqués par les habitudes de sa jeunesse, & sé défier des antipathies qu'il a sucées sur le sol qui l'a vu naître. Personne, selon moi, n'est moins propre qu'un Anglais à décider de la constitution & de la politique de la Nation Française ; & les Français, qui se sont avisés de prononcer & de trancher sur les mêmes points parmi nous, sont tombés alternativement dans des extrémités absurdes & ridicules. La prévention, les haines, l'engoûment, la manie nous ont barbouillés & enluminés tour à tour de couleurs opposées ; & les unes & les autres étoient également infideles & trompeuses.

On trouvera la preuve démonſtrative de la fauſſeté de tous ces jugemens nationaux, dans les éloquentes rapſodies qui s'imprimoient il y a quelque temps à Londres, ſous le titre d'*Annales Politiques & Littéraires*. Avec quelle effronterie l'audacieux Folliculaire abuſoit de ſa copieuſe & ronflante phraſéologie, pour débiter tout ce que les préjugés les plus groſſiers déguiſoient & traveſtiſſoient à ſes yeux prévenus ! Avec quelle inconſéquence il entrelaçoit les viſions inſenſées avec les diatribes qui lui étoient dictées par le reſſentiment de ſes prétendues injures perſonnelles, & par l'orgueil le plus irritable & le plus rifiblement impertinent ! Quand l'ingénieux & aimable Saint-Evremond, fugitif de ſa patrie, vint chercher un aſile parmi nous, le bel-eſprit, l'homme de plaiſir dut rencontrer un accueil proportionné à ces qualités perſonnelles, dans une Cour où l'on se piquoit de galanterie, de délicatesse & de goût. Lorsque le profond & sublime Montesquieu s'y réfugia, il y fut admiré, il l'est encore : mais quel droit avoit de prendre de l'humeur, un Rhéteur ampoulé & furieux, un brouillon, qui ne devoit sa célébrité qu'aux esclandres que lui firent hasarder ses prétentions incommensurables ? Une Nation dont le caractere est assez solide, de l'aveu de tout le monde, ne pouvoit-elle négliger & siffler, même sans barbarie, un pareil personnage ? Ne fût-ce que par la raison que n'entendant point ses phrases, elle étoit excusable & heureuse de ne pas être éblouie par son clinquant ?

Je n'ai point envie de parodier ces extravagances ; & la multitude des têtes foibles, que ces déclamations fausses & effrontées entraînoient, ne me tente nullement de prendre ma revanche. J'avoue au contraire mon incapacité : je la donne sans rougir pour excuse de la répugnance que j'aurai toujours à m'embarquer dans la discussion des matieres délicates & obscures des administrations publiques. Mon principe est de les respecter, & de m'y soumettre par-tout. Quand on voyage chez un Peuple, & à plus forte raison quand on y a trouvé un asile, il faut faire ses efforts pour s'accommoder à ses usages, ou du moins il faut savoir les respecter, & permettre qu'il se conduise en paix, suivant sa méthode. Si jusqu'à ce moment j'avois eu le malheur de lâcher quelque chose qui ne ressemblât point à une opinion privée que je suis toujours prêt à soumettre aux décisions générales ; si j'ai prononcé sur quelque point d'une maniere péremptoire ou offensante, je me rétracte, & je déclare encore un coup mon aversion contre tous les oracles, en abjurant ceux qui auroient pu m'échapper.

L'hiver étoit prêt à finir, & le printemps alloit ramener les beaux jours : c'étoit le temps où je m'étois proposé de reprendre ma course. Pour avoir une juste idée du Royaume, j'avois conçu la nécessité de visiter ses vastes

& nombreuses Provinces, & je m'apprêtai en effet à quitter Paris. Je n'entretiendrai cependant point le Lecteur des détails de mes diverses incursions dans différentes parties de la France; ils leur sont trop familiers pour piquer la curiosité, & l'on connoît les disparités morales qui en rendent le séjour bien différent de celui de la Capitale. On y retrouve fréquemment la trace de cet honneur pur & sensible, & de cette loyauté qui formerent long-temps le caractere Français. La cordialité, la franchise, l'hospitalité y ont encore un asile. Notre judicieux Voyageur *Brydone* avoit tort d'exclure du Continent ces familles, au sein desquelles la candeur, l'union, la tendresse mutuelle fixent le bonheur social le plus touchant & le plus pur. Quoi qu'il en dise, il n'est pas nécessaire de voguer jusqu'en Sicile, pour trouver ce spectacle enchanteur pour le cœur & les yeux d'un Philosophe sensible. J'ai fréquenté des maisons dans les Provinces, où j'ai trouvé l'exacte & intéressante image de nos familles respectables de l'intérieur de l'Angleterre. La plupart des chefs de celles de France m'offroient même un trait précieux de plus : vieillis sous le fardeau des armes, blanchis au service de leur pays, à la même humanité, à une candeur, à une simplicité égales, ils joignoient un usage du monde plus décidé, une politesse plus développée & plus douce. C'est en jugeant de la Nation par ces anciens serviteurs qui retournent, à l'ombre de leurs lauriers, goûter, dans une heureuse aisance, la paix domestique, que l'on sent l'avantage que le Monarque a d'y commander au meilleur, sans comparaison, de tous les Peuples. C'est dans leur entretien que l'on puise la conviction, que le Sujet Français est également, dans les revers & la prospérité publiques, celui qui naît avec le plus de dispositions à faire membre du Corps civil & politique où l'ordre des destinées l'a placé.

La plupart de mes Compatriotes ne connoissent de la France que ce gouffre immense

immense & impur, où se réunissent toutes les scories de la Nation, parmi les Arts & au sein tumultueux du faste le plus insensé : c'est à Paris qu'ils s'arrêtent. Quelques-uns font un séjour passager dans les villes principales, qui, en raison de leurs richesses & de leur considération, sont habituellement souillées par les émanations infectes de la Métropole. Pour moi, j'ai bien lieu de me louer de ne m'en être pas tenu à la fréquentation de ces tourbillons fatigans de ces bruyantes cohues, où les passions des hommes se servent en esclaves, ou se heurtent avec fureur, d'une maniere assez uniforme chez tous les Peuples. Dans les lieux qui en sont éloignés, j'ai constamment trouvé l'occasion de saisir l'humanité sous un point de vue estimable, & qui me l'a fait chérir ; il a servi à défendre mon cœur d'une misantrhopie que le spectacle de tous ces grands théatres de l'intérêt & des vices lui auroient inspirée sans retour.

Dans une immense Capitale, tous

les objets se noyent & se déguisent : l'industrie criminelle vient au secours de ceux dont l'indigence suit les dissipations : chaque pas offre un écueil d'autant plus dangereux qu'il est couvert : on abuse de tout ; les titres les plus distingués servent d'enveloppe & d'égide à des personnages avilis & trompeurs : aussi l'habitude d'y vivre finit par nous pénétrer d'une défiance perpétuelle & générale, & nous prescrit la réserve la plus négative ; elle flétrit, elle desseche l'ame, & la dépouille, par raison, de son penchant à la bienfaisance. On est obligé de se mettre sans cesse en garde contre les apparences, & cette précaution s'étend aux réalités. Les sociétés particulieres ne peuvent former que des cotteries resserrées, dont l'accès est difficile, en raison de la méfiance universelle dont une prudence forcée les contraint à s'environner. Ces circonstances nécessitées ferment, à la plus grande partie des Etrangers, toutes les avenues de ce qu'à Paris on peut, avec raison, appeler la *bonne compagnie.* C'est assurément la cause principale du danger presque inévitable, pour les arrivans, de tomber dans la mauvaise; l'oisiveté ne tarde point à les y entraîner ; celle-ci leur tend les bras par système ; l'autre se laisse chercher, &, au premier abord, elle ne présente que la réserve la plus décourageante & de rebutantes exceptions.

Mes Compatriotes me permettront de leur dire, avec bien du chagrin, que de tous les Etrangers, il n'en est point pour qui ces premiers obstacles soient plus difficiles à surmonter que pour eux. J'ajouterai que c'est un effet de la justice malheureuse qu'ils mettent les honnêtes gens dans le cas de leur rendre. Le nom Anglais, si respecté dans le Monde politique, est devenu dans la Société ordinaire, chez les Peuples Etrangers, le signal & la dénomination de la duperie fastueuse, de l'extravagance la plus coupable, & du libertinage le plus effréné. La frénésie révoltante qui déshonore presque toute notre jeunesse dans les diverses parties du Continent, réduit ceux qui sortent de chez eux avec de meilleures dispositions, au seul commerce des courtisanes, des aubergistes & des escrocs. Le danger de ces derniers est d'autant plus grand à Paris, qu'il y a une différence entre les mauvais sujets de cette Capitale & ceux de Londres : quand les premiers sont parvenus à se dépouiller, par leur désordre & leurs folies, jamais ils ne se présentent un pistolet à la main sur les grandes routes, mais ils s'exercent à faire sortir décemment nos bourses de nos poches, sans se donner la peine hasardeuse & incivile d'y fouiller.

Je donnerois volontiers un conseil à tous les Anglais qui voudroient séjourner quelque temps à Paris avec agrément ; ce seroit de commencer par habiter pendant quelque temps une ville du second ordre, avant de se hasarder sur le pavé glissant de la Capitale ; d'y retenir sur-tout les saillies bizarrement prodigues de cet orgueil puéril avec lequel nous nous targons de nos richesses : elles ne font que préparer les esprits à aviser aux moyens de nous dépouiller sans scrupule. Sous les yeux & la conduite d'un Mentor prudent & sensé, on y apprendroit d'abord passablement la Langue Françaife ; on commenceroit à y prendre ce ton d'urbanité, que les gens d'un certain ordre possedent dans les Provinces comme dans la Capitale ; on s'y familiariseroit avec des êtres d'un commerce agréable & doux ; il serviroit à nous défaire de notre premiere nuance de gaucherie originelle, & à nous préparer à celui des Sociétés estimables & polies de Paris. On n'y débarqueroit pas du moins avec cette rudesse qui, les trois quarts du temps, nous rend si étrangers pour les autres, & si embarrassans pour nous-mêmes. Nous paroîtrions avec aisance dans les cercles, où, jusqu'à présent, notre manque de savoir-vivre nous a empêchés d'apprécier & de goûter celui d'autrui. Nous ne serions plus dans la malheureuse tentation & dans la nécessité presque de nous livrer à l'indulgence séduisante & à l'accueil faux & intéressé de tous les dévaliseurs mâles ou femelles.

Je m'apperçois qu'un zele outré m'appesantit sur cette leçon. Mes Lecteurs, fatigués de mes répétitions continuelles, désirent sans doute de me voir loin de ce Paris qui me les suggere. Je ne doute pas non plus qu'une multitude de personnages, qui peuvent avoir part aux réflexions critiques que j'ai hasardées, ne soient bien aises de me voir abréger mon séjour & mes censures. Pour me rendre à leur impatience, je vais monter en carrosse avec mon ami, &, à travers quelques belles Provinces, gagner les cantons Helvétiques, d'où j'irai vérifier, autant qu'il sera en mon pouvoir, les belles choses que l'on dit de l'antique Ausonie, & les caricatures dont on surcharge vraisemblablement la peinture morale, politique & religieuse de l'Italie moderne. Je jugerai, par l'empressement avec lequel le Public recevra cette seconde Partie de mes

Voyages, du désir qu'il pourra ressentir d'en avoir la suite. Encore un mot, & je prends congé de la France & de lui.

CHAPITRE XII.

Départ. Projet d'établissement, & réflexions sur la seconde éducation. Tableau de la retraite d'un homme fumeux.

JE quittai Paris, accompagné de Bouillac : son attachement pour moi l'auroit porté à m'accompagner encore pendant tout le reste de mes voyages ; mais un retour favorable de la Fortune, qui l'avoit persécuté depuis son berceau, sembloit enfin s'apprêter à le dédommager d'un long enchaînement de disgraces & de contradictions. Il s'agissoit de profiter de l'heureux caprice d'une Déesse aussi volage ; & la persuasion où je suis qu'il peut avoir pour mon ami les plus heureuses conséquences, sert à adoucir la plus sensible de toutes les séparations.

Bouillac vint néanmoins avec moi jusque chez mon ami le Comte de ***, dont le projet étoit de passer la belle saison dans une Terre qu'il possede sur les frontieres de la Champagne, presque à l'entrée de la Bourgogne. Je vais rapporter à mes Lecteurs le dernier entretien que nous eûmes ensemble. Il m'y communiqua un projet dont j'ai si bien senti l'utilité pour mes Compatriotes, que je ne puis me résoudre à le passer sous silence. Il pourra servir assez naturellement de conclusion à tout ce que je viens de dire dans les récits de mes deux Voyages à Paris,

La premiere éducation, me dit-il, que reçoit la Jeunesse dans les Colleges ou pendant le cours d'une institution domestique, ne sert tout au plus qu'à faire soupçonner l'aptitude des esprits : circonscrite dans ses objets & dans ses moyens, elle n'en développe point l'étendue ; elle est encore moins propre à donner le ressort nécessaire au cœur, & à inspirer l'esprit de conduite, le plus essentiel de tous les attributs d'un homme du Monde : généralement, quelque soignée qu'elle puisse être, elle suffit à peine à poser le fondement de ce qu'il pourroit devenir, même en travaillant encore long-temps après qu'elle est finie, au déploiement de son intelligence ; & il ne faut pas moins que la fréquentation raisonnée de ses semblables, une suite d'événemens personnels, & des leçons désagréables, pour qu'il acquiere la consistance qu'il est si important de donner aux principes de ses actions. Cette derniere partie est bien plus difficile que la premiere : sans contredit c'est la plus indispensable.

Aussi-tôt que l'adolescence fait étendre un peu la liberté à la suite de la contrainte où l'on tient d'ordinaire l'enfance, le fruit des premieres leçons dont on a pénétré celle-ci, est perdu par toutes les impulsions qui se réunissent pour les anéantir. L'inapplication sert à dédommager de la contrainte passée ; elle seconde le goût naturel pour les plaisirs, dont les sens commencent à sentir l'aiguillon ; l'oisiveté lui livre bientôt l'ame toute entiere. Des instructions dégoûtantes, parce qu'elles étoient forcées, s'effacent bientôt de la cire molle où elles furent empreintes ; & la foiblesse des facultés intellectuelles, sans faire obstacle aux sentimens des voluptés, empêche d'appercevoir l'illusion des jouissances ; elle occasionne une frénésie qui ne fait plus trouver que de l'amertume & de l'aridité dans tout ce qui n'est que purement utile.

La plupart des jeunes gens qui sont nés avec un rang distingué & une fortune considérable, se perdent ainsi dés leur début dans le monde : voilà les causes & les principes de ces courses déshonorantes, par les extravagances & les folies qu'ils y commettent ; l'origine de ces prodigalités honteuses & révoltantes, de ces premiers délires, d'où naissent ces habitudes vicieuses qui font souvent de tout le reste de leur vie un long tissu de débauche & d'ignorance. Voilà comment la Patrie est souvent privée d'un homme d'Etat, d'un Héros ; comment une famille voit celui qui auroit pu faire son plus bel ornement, converti en un être méprisable, qui couvre d'ignominie un grand nom, qui flétrit tout son éclat, & fond sa substance dans ses dissipations avilissantes.

Après des temps à demi barbares, Milord, le mérite principal d'un Gentilhomme se mesuroit, par des raisons assez naturelles, sur son aptitude & son habileté dans les exercices du corps : ce que l'on peut appeler la seconde éducation, étoit confiée à des Ecuyers : Instituteurs à la fois de deux animaux d'espece différente, celui à deux pieds étoit rarement l'être qu'ils savoient le mieux façonner. Aussi, à mesure que les Siecles s'éclaircissent, les Académies équestres diminuent tous les jours de considération & de nombre ; ce n'est plus qu'un très-petit accessoire dans l'opinion. Mais pourquoi ne pas substi-

tuer, dans la pratique, ce qui manque & ce qui feroit bien plus utile ? Pourquoi ne pas former un plan d'inſtitutions capable de développer les talens & d'inſpirer les vertus publiques, dont la gloire & le bien de la Société pourroient être les fruits ? Les ſecours d'une ſemblable éducation ſeroient ſans doute plus néceſſaires à la jeuneſſe Angloiſe qu'à toute autre, & ſes fruits plus précieux à un pays où tous les hommes qui viennent au monde avec quelque fortune & quelques diſtinctions, apportent, pour ainſi dire, en naiſſant, une vocation publique. Je ſens qu'il feroit difficile de réunir des Inſtituteurs habiles & capables de dégoûter de l'ivreſſe des plaiſirs faux, pour ſemer des fleurs de la gloire & de l'émulation, les ſentiers qui conduiſent à la volupté noble & ſublime d'être grand, utile & éclairé. Quelque mal aiſé que ſoit un tel choix, il n'eſt point impoſſible ; le caractere & l'appât des récompenſes pourroient en venir à bout. La profeſſion trop avilie d'Inſtituteurs eſt in-
difpenſablement

dispensablement la plus intéressante de toutes ; ce seroit une justice que de la rendre glorieuse & lucrative en proportion.

Cent fois, dans mes rêveries, j'ai roulé dans ma tête un plan analogue à ces idées, & je pense que l'aide & le concours de quelques Anglais pourroient en donner l'exemple. Je prévois que la dépense que de semblables établissemens entraîneroient, seroit fort considérable : mais qu'on la compare avec les sommes immenses que les parens prodiguent tous les jours, pour avoir à déplorer les équipées éclatantes qui ne font qu'afficher ridiculement leurs héritiers chez l'Etranger ; & l'on verra non seulement l'économie morale, mais même l'économie pécuniaire se reproduire de tous les côtés.

Ce début intéressant m'engagea à prier Bouillac d'entrer dans quelque détail ; il le fit à peu près ainsi. Observez d'abord, s'il vous plaît, Milord, que les principes équivoques du Lord *Chesterfield* ne serviroient nullement de base au plan d'éducation que je voudrois tracer. Il tendroit bien, à la vérité, à former les éleves pour le grand monde ; mais on peut en avoir tous les airs & le ton, sans cette dépravation raisonnée du cœur, dont il vouloit faire un systême à son fils, & sans cette caricature de Petit-Maître qu'il lui recommandoit d'une maniere si peu réfléchie.

L'instruction n'est jamais aussi parfaite & aussi prompte, que lorsqu'elle est agréable & sans apprêt : elle doit plutôt résulter des entretiens que des leçons. Un pédagogue l'impose & l'inculque, avec une force qui, agissant, pour ainsi dire, sur un corps élastique, lui laisse la faculté de revenir dans son premier état, après un choc prompt & violent. Un compagnon aimable l'insinue, au contraire, & la fait chérir : il prépare par l'agrément à une étude, qui, au lieu de ses épines accoutumées, n'offre à l'émulation réveillée & à la curiosité piquée que la douceur de se satisfaire.

Avec un caractere propre à suivre cette méthode, il faudroit à nos Instituteurs un grand fonds de connoissances réelles, & des talens véritables. Je voudrois qu'ils réunissent entre eux toutes les Sciences, & qu'ils les eussent saisies du côté de l'utilité & de leurs agrémens à la fois. Il faudroit sur-tout qu'ils fussent doués de cette sagacité propre à ne leur en faire communiquer à leurs Eleves, que ces élémens solides & généralisés que doivent avoir, de toutes les connoissances, des hommes faits pour présider à une Société politique.

Loin de renfermer les Eleves dans une espece de collége, il faudroit qu'ils en sortissent perpétuellement pour communiquer avec le monde, & que tous les êtres de la Société, faits pour leur servir de modeles, eussent aussi un accès facile & même attrayant jusqu'à eux. Je voudrois de bonne heure les apprivoiser avec la jouissance modérée des plaisirs honnêtes & décens, leur apprendre à en cueillir la fleur, & à faire, par ce moyen, de ces passions fougueuses dont ils pourroient abuser, les instrumens de leur félicité & de leur gloire. Chacun des Eleves ne ressembleroit point à un Ecolier qui tremble aux accens de la voix menaçante d'un Précepteur, mais à un ami qui chemine dans les premieres avenues du monde, à l'ombre & sur l'appui de l'expérience d'un ami qui en a déjà parcouru les détours. De bonne heure il s'y accoutumeroit aux douceurs que peut procurer l'opulence ; & par l'habitude des aisances & du luxe qui conviendroient à son rang & à sa fortune, il apprendroit à ne point tomber dans les écarts de la prodigalité, & à apprécier le lamentable & faux relief que l'on croit souvent se donner par le clinquant d'un faste énorme.

Bouillac me communiqua le détail écrit de tous les moyens par lesquels on pourroit réaliser son idée : je vis clairement que, dirigé par un entendement fin, qui l'auroit une fois bien saisie, un certain nombre d'Eleves pourroient, au bout de quelque temps, faire honneur à l'Angleterre, dont ils seroient sortis, après avoir agréablement passé leur temps chez les Etrangers, & fait tous leurs Voyages d'une maniere honorable & utile, moyennant mille livres sterling par année. Cette somme ne forme pas la dixieme partie de celles que consomment leurs folies ou leurs débauches, & racheteroit un temps précieux, perdú si souvent infructueusement, sous la conduite de tant de misérables pédagogues Helvétiens, lors même qu'il n'est point honteusement dissipé en excès déshonorans. Je désire que mes Compatriotes puissent connoître & réaliser un projet aussi intéressant pour eux.

En nous entretenant fort en détail des objets divers qui étoient relatifs à son plan, nous arrivâmes au Château de ***. Le Comte nous reçut avec son aménité & sa politesse ordinaires; j'y passai huit jours des plus délicieux de ma vie, dans la société de quelques amis agréables & sensés. Je ne vois plus rien dont je puisse entretenir mes

Lecteurs, que la description de quelques scènes pompeuses & magnifiques des plaisirs que se donnoit, dans notre voisinage, un mortel dont le nom seul seroit propre à transir d'horreur & d'effroi tous ceux dont l'ame est douée de sensibilité, & à faire frémir d'indignation tous Citoyens qui, malgré la corruption des temps, auroient conservé quelques traces de cette humanité bienfaisante & énergique, qui nous intéresse au malheur & à l'oppression de nos semblables.

Le soir même de notre arrivée, tandis que mes yeux erroient sur la campagne des environs, & qu'ils admiroient l'aspect & la situation d'un superbe Château qui étoit à deux milles de nous, cet édifice parut soudain magnifiquement illuminé d'un bout à l'autre ; de toutes les parties des superbes jardins dont il est environné, s'éleverent au moment d'innombrables fusées ; elles mêlerent leur fracas aux reprises d'un orchestre dont les échos multipliés apportoient les accords jusqu'à nous, dans la tranquillité de la nuit. Je jugeois que le Maître de ce lieu de délices donnoit une fête, & je demandois qui il pouvoit être ? Bouillac se hâta de me répondre, & il le fit avec toute la chaleur de l'indignation.

Composé monstrueux d'insensibilité & de lubricité, le Maître de ce Palais enchanté, assis sur les dépouilles de ceux dont il a exprimé jusqu'aux larmes & au sang, ose appeler les plaisirs, pour se distraire des regrets & de la rage de n'avoir plus de victime à déchirer. A sa voix, le faste amene la débauche effrontée, la bassesse rampante ; & le séjour du monstre se remplit de parasites & de femmes perdues. A côté du goufre où il jouit des fruits de ses larcins & de ses déprédations, le Cultivateur malheureux repasse dans l'amertume de son ame, le souvenir de ses vexations ; le Citoyen consterné dit en passant : Voilà donc les joies odieuses qui couronnent les crimes qui m'ont dépouillé ! Voilà donc la punition des maux que sa perversité m'a fait souffrir !

Heureux encore de n'en avoir point le spectacle mortifiant & douloureux, dans les lieux où sa prospérité le mit autrefois dans le cas de signaler ses fureurs ! Après cette violente apostrophe, nous tournâmes le dos au spectacle affligeant des plaisirs d'un être aussi détesté, & nous tâchâmes de perdre cette idée déchirante, dans l'entretien des personnes honnêtes & estimables que notre Hôte avoit rassemblées.

Je passai encore huit jours au Château de ***, au bout desquels Bouillac me quitta. De mon côté, je dirigeai ma route vers l'Alsace, d'où je me propose d'aller simplifier un peu mes idées, & épurer mes mœurs, dans le commerce des habitans sans faste des Treize Cantons.

Fin du troisieme & dernier Tome.

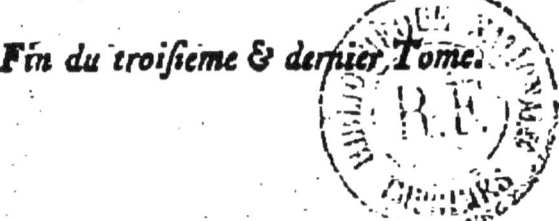

TABLE
DES CHAPITRES
Contenus dans ce Volume.

CHAPITRE PREMIER. *Réflexions sur les malheurs du Pauvre. Académie des Quarante.* Page 1

CHAP. II. *Dîner avec des Auteurs.* 12

CHAP. III. *Bal de l'Opéra ; aventure du Bal.* 27

CHAP. IV. *Défaut de l'éducation des deux Sexes parmi les gens de distinction.* 43

CHAP. V. *Opéra de Paris. Musique Française. Influence de ce même Spectacle sur les mœurs.* 69

CHAP. VI. *Comédie Française. Causes morales de la révolution arrivée dans le goût des compositions dramatiques Françaises. Acteurs ; autres Spectacles.* 94

CHAP. VII. *Eloquence. Le spectacle des Loix & du Barreau.* 117

CHAP. VIII. *Prédicateurs célebres. Comparaison de ceux-ci aux Prédicateurs Anglais.* 128

CHAP. IX. *État actuel des autres Arts libéraux ; Sculpture, Peinture, Architecture. Retour sur la Musique ; digression sur les Poëtes.* 147

CHAP. X. *Bibliotheques publiques, Cabinets. Protection & encouragement pour les Sciences & les Arts.* 175

CHAP. XI. *Réflexions qui pourront être utiles à mes Compatriotes & à d'autres.* 198

CHAP. XII. *Départ. Projet d'établissement & réflexions sur la seconde éducation. Tableau de la retraite d'un homme fameux.* 211

Fin de la Table du Tome III.

www.ingramcontent.com/pod-product-compliance
Lightning Source LLC
Chambersburg PA
CBHW051909160426
43198CB00012B/1816